EL PAYASO QUE HAY EN TI

Caroline Dream

EL PAYASO QUE HAY EN TI

Sé payaso, sé tú mismo

Colección Clownplanet

www.clownplanet.com

© Caroline Françoise Drain, 2012

El payaso que hay en ti
1ª edición: 2012 en Barcelona, España
1ª edición en impresión bajo demanda con Amazon: 2015

Editor: Alejandro Navarro González
Diseño de la cubierta: Alejandro Navarro González
Corrección de estilo: Dadiana Giraldo G.
Diseño y maquetación: Alejandro Navarro González

Colección Clownplanet
elpayasoquehayenti@gmail.com
www.clownplanet.com

ISBN 13: 978-84-608-2688-0

El contenido de este libro no podrá ser reproducido, ni total ni parcialmente, sin el previo permiso escrito del editor. Todos los derechos reservados.

Para Alex y Amara

Índice

Agradecimientos	13
Prólogo	17
1. Introducción	23
2. Preguntas frecuentes	27
¿Qué es un *payaso*?	27
¿Un clown es lo mismo que un payaso?	29
¿Todos llevamos un clown dentro?	31
¿Cómo me sintonizo con mi frecuencia clown?	32
¿Existen diferentes pedagogías en el mundo del clown?	34
¿Tiene alguna gracia el humor agresivo?	36
¿Cuál es la alternativa?	37
3. El manual del buen payaso	39
Las acciones y reacciones automáticas	41
Las actitudes falsas	43
La indefensión	46
¡Ponte manos a la obra!	48
4. Todos somos ridículos, tú también	51
Ser auténtico	52
Diversión contra seriedad	55
Los niños como inspiración	57
5. La claridad y la simplicidad	61
Romper la cuarta pared	61

¿Dónde está la gracia?	62
El tempo del clown	64
Las pausas	65
6. El lenguaje clownesco	**67**
El lenguaje no verbal	67
El contenido emocional	72
El juego de la voz	75
7. Caer en la tentación	**85**
Cuanto más te diviertes, más se divierten los demás	86
La transgresión	86
La investigación constante	89
La curiosidad infantil	91
Las tonterías	94
El sentido del humor	100
8. El rincón de los fracasados	**107**
Entre la espada y la pared	107
El instante mágico	108
El derecho a mostrarnos vulnerables	110
El ejemplo de Pamela	112
La aventura de buscar	116
Ensayo y error	119
¿Cómo te ha ido?	120
El rincón	123
9. Estrategias para jugar	**127**
El gozo interior	129
Encontrar el juego	130
Decir *sí*	135
Explicar los porqués	142
Cómo desarrollar una propuesta de juego	148
10. Jugando juntos	**167**
Pasar el foco	168

Establecer una relación	171
Poder o estatus	174
11. La casa encantada	**183**
Leones y fantasmas	183
El importante papel del corazón	184
El miedo como desafío	186
Perder el miedo al miedo	187
El miedo escénico	188
El miedo al ridículo	191
El miedo a no estar a la altura	193
El miedo a perder el control	195
El miedo al éxito	198
Tu casa encantada	200
12. El objeto del deseo	**201**
El éxito asegurado	204
¿Improvisar o fijar?	206
Las buenas ideas	208
La pasión	209
Enseñanza eficaz	210
Alumnos exitosos	212

Agradecimientos

Sin el apoyo, aliento y amor de todas estas personas habría desistido durante el largo proceso que he vivido para escribir el libro que tienes en tus manos. Estoy profundamente agradecida a todos ellos.

Alex Navarro y Amara, sin quienes nunca habría aprendido tanto, confiado tanto en mí, ni escrito tanto. Su apoyo incondicional, sus sugerencias y comentarios, su inmutable interés por todo lo que escribía han hecho de este libro un proyecto común, más que un mérito individual.

Mi padre, quien desde la infancia me imbuyó la pasión por los cuentos, los libros y el teatro.

Mi madre, que, a través de su pasión por el arte y los artistas, me enseñó a regocijarme con ser extrovertida y algo loca.

Mis hermanas, con quienes aprendí el placer de reír y transgredir las normas.

Juan Carlos Valdovinos, cuyo entusiasmo, sabiduría y generosidad me dieron el valor de seguir escribiendo.

Leonardo García, mi máster psicólogo (y excelente clown), quien se mostró siempre dispuesto a clarificar mis dudas y a responder a mis preguntas.

Mis maestros de clown, quienes me han abierto los ojos de par en par, despojándome de todo, menos de mi nariz roja, y me han animado a ir más lejos de lo que me creía capaz.

Mis amigos payasos, esas calurosas e intrépidas personas que aman este arte con la misma locura que yo, que me han hecho reír hasta llorar, han ensanchado mi corazón y ofrecido sin vacilación su tiempo y conocimiento.

Los payasos profesionales, que a través de su pasión, dedicación y desbordante creatividad me han incitado a seguir en el camino. Verles en acción no solo me ha hecho reír, sino que me ha alimentado, instruido e inspirado.

Finalmente a mis alumnos, sin los cuales nunca habría buscado respuestas a tantas preguntas. Han sido mis guías en las clases y también a la hora de escribir. Lo que ellos han querido saber, ese ha sido mi punto de partida en cada capítulo.

Nota de la autora:

El método de enseñanza que se expone en este libro procede de los cursos que he impartido junto con Alex Navarro (mi marido), entre 1998 y 2011.

La totalidad de las experiencias relatadas son el resultado de nuestra colaboración y mutua creatividad. He cambiado los nombres de los alumnos en los ejemplos de improvisaciones de algunos capítulos para proteger la confianza que han puesto en mí. Las personas a quien cito con nombre y apellido son verídicas. A lo largo de este libro he optado por utilizar el término payaso en su forma masculina, para no tener que aclarar en cada caso payasos y payasas. Las payasas existen y de hecho son cada vez más numerosas, lo cual, tengo que admitir, me alegra muchísimo.

Prólogo

El payaso que hay en ti es una herramienta teórica y práctica, útil para aquellos que estén iniciándose en el arte del clown, para quienes deseen hacerlo o para quienes, sencillamente, pretendan adquirir conocimientos sobre el apasionante universo del clown y la formación clownesca.

Leerlo te ayudará a entender y profundizar, por un lado, en algunos aspectos de la técnica y de nuestro método pedagógico, y por otro, te dará claves para superar ciertos bloqueos si te encuentras en proceso de aprendizaje. Además de un análisis detallado de los principios esenciales del clown, contiene ejemplos de improvisaciones de nuestros alumnos, juegos y ejercicios, y citas extraídas en su mayoría de las entrevistas que Caroline ha realizado a payasos profesionales.

Desde nuestros primeros cursos de clown en Las Vegas para artistas del Cirque du Soleil, en 1998, Caroline y yo hemos impartido cursos en España, Portugal, Alemania, Estados Unidos, Puerto Rico, Perú y México. Su larga trayectoria ejerciendo la docencia clownesca y recorriendo escenarios (desde 1985) hacen de Caroline una voz a tener en cuenta. Una voz que reivindica el clown como un arte.

En ocasiones me he cruzado con personas que me han preguntado a que me dedico, y al responderles "soy payaso" me contestaban "sí, ya, pero… ¿de qué vives?", como si uno no pudiera ganarse la vida trabajando de payaso. No lograban entender que ser payaso, como dijo Annie Fratellini, "es un estado del espíritu, pero también un oficio".

La formación clownesca, tal como la conocemos hoy, es algo bastante reciente. Tiempo atrás, en el circo, los conocimientos de este oficio se transmitían de padres a hijos, o entre "familias circenses", y por otro lado, algunos artistas de disciplinas físicas (acróbatas, trapecistas, etc.) pasaban a ser payasos cuando su cuerpo ya no estaba para demasiados trotes. Haber convivido con payasos y verlos actuar durante toda su vida era lo que les permitía dar ese paso. Hoy en día, las nuevas generaciones tienen no únicamente la oportunidad de formarse, sino también la suerte de poder ver, en vivo o virtualmente, a grandes payasos de hoy y del pasado.

Quizás por ello, desde hace algunos años muchas personas se interesan por descubrir su clown. Gente curiosa, intrépida, valiente… que deciden participar en un curso porque no se conforman con estar apoltronados en su casa, e intuyen que detrás de la nariz roja se esconde un mundo fantástico que abre las puertas a un universo que siempre estuvo ahí, pero que, con el paso de los años, solemos perder de vista.

El proceso de búsqueda del clown propio dependerá de cada uno y de las circunstancias personales que viva en ese momento. Hay quien tiene un don innato, pisa el escenario y ya tiene incorporada naturalmente la conexión con el público, el tempo, las ideas locas y la comicidad. Para otros será un largo, pero apasionante camino.

Así, pues… ¿todo el mundo puede ser clown? No, si pensamos en términos profesionales. De hecho, la mayoría de las personas que se inscriben a un curso de clown no lo hacen con ambición profesional, de la misma manera que no todo el que estudia guitarra lo hace para subirse a un escenario. Muchos emprenden el viaje hacia su clown para vivir una experiencia insólita, superar miedos, mejorar su sentido del humor o, sencillamente, desinhibirse y disfrutar más.

Llegados a este punto, debo aclarar que uno no se convierte en payaso por ponerse una nariz roja. De hecho, actualmente hay muchísimos profesionales que no la usan en escena, pero, desde nuestro punto de vista, ponerse esa pelotilla roja en la nariz ayuda enormemente a dar los primeros pasos al neófito.

Ser clown o payaso es mucho más que ponerse una nariz. Es un arte que requiere no solo gran creatividad, complicidad con el público y una particular visión del mundo, sino, y sobre todo, una gran honestidad escénica.

Hace unos años acompañé a Caroline a una actuación, y mientras ella preparaba su material y se maquillaba, fui a tomar algo al bar del lugar. No había comenzado a saborear mi café cuando un hombre bastante mayor preguntó:

—*¿Qué es lo que hacen esta noche?*
—*Actúa mi mujer. Una payasa —respondí.*
—*¡Hombre! No digas eso —contestó asombrado y casi molesto.*
—*¿Por qué? ¿He dicho algo malo? —pregunté yo.*
—*Di que es una actriz, pero no la llames payasa...*
—*espetó, como si definirla como payasa fuera menospreciarla.*

Traté de hacerle entender que ser payaso es tan digno como ser mecánico, médico, o cualquier otra cosa. No fue tarea fácil. Es un claro ejemplo del erróneo concepto que algunas personas tienen todavía de la figura del payaso. ¡Qué poco conocen lo que significa ser payaso!

Imaginemos por un momento un mundo habitado exclusivamente por payasos... las guerras se harían con pasteles de nata, se aplaudirían los fracasos, la economía sería un fantástico caos, donde dos más dos serían cinco, y para hacer un regalo bastaría un palo y una caja de cartón, que se convertirían de inmediato en un barco pirata y un catalejo. Sería un lugar donde la ingenuidad y la ternura estarían a la orden del día, donde mirarse a los ojos al hablar sería algo habitual, y mostrarse vulnerable o compartir las emociones, algo cotidiano. Un mundo en definitiva en el que jugar sería obligatorio, la risa estaría siempre presente y la mayor responsabilidad sería disfrutar y divertirse.

Alex Navarro

Alex Navarro, payaso desde 1986, clown del Cirque du Soleil (en Mystere, Las Vegas, EE.UU. entre 1998 y el 2000), formador, director y creador de www.clownplanet.com.

1
Introducción

Los conocimientos sobre la técnica del payaso se han mantenido, durante demasiado tiempo, como un secreto profesional. Algunos clowns contemporáneos (la mayoría también profesionales y docentes como yo) han empezado por fin a escribir sobre su arte, pero aun así queda mucho por aclarar y desvelar. El problema es que durante décadas se ha desfigurado y malinterpretado la figura del payaso. La mayor parte de la sociedad moderna todavía considera que los payasos no son artistas. ¿Payasos? ¡Menuda pandilla de estúpidos!

Este libro se opone totalmente a tal concepto del payaso. Al contrario, es una reivindicación de todo el talento, la habilidad y la audacia que se necesita para encontrar, estimular y liberar al clown que llevamos dentro. Hacer que la gente se ría es mucho más complejo y fascinante de lo que pueda parecer a simple vista. El estudiante de clown no tiene que aprender solamente los preceptos básicos de cómo ser gracioso; tener éxito ante cualquier público consiste en mucho más que eso. Por lo tanto, lo que propongo es un cambio radical en la percepción general de este arte antiguo y excepcional. Mi propósito con este libro es persuadir a sus lectores de que los clowns contemporáneos son en su mayoría una gente estupenda.

El arte del clown, como todas las artes, exige que seas un canal de expresión creativo. Es tu esencia, tu experiencia vital y tu visión personal del universo lo que expresas como clown. Por ello, para descubrir tu clown no importa la edad, ni hacen falta estudios previos, ni hay que tener una particular personalidad cómica. El único requisito esencial es el de estar preparado para compartir quien eres, con humildad y humanidad, sabiendo que este singular aprendizaje no tiene final previsible. Yo misma he tenido el privilegio de ser payasa durante más de veinticinco años, pero sigo pensando que me queda mucho por aprender.

Desde el principio y a lo largo de tu formación clown descubrirás que en realidad son dos los caminos principales que debes recorrer: el exterior (lo que ocurre en el escenario) y el interior (lo que ocurre dentro de ti). En ambos caminos te esperan increíbles descubrimientos, que empiezan con el deseo de actuar y de hacer reír a la gente, y que te llevan directamente a otros grandes hallazgos sobre quién eres, sobre la influencia que tienen tus pensamientos en tus acciones y reacciones, sobre cómo cultivando el sentido del humor puedes transformar tu realidad y ser más libre.

Algunos payasos profesionales han optado por centrarse casi exclusivamente en el camino exterior; a mí me ha resultado imposible ignorar la profunda sabiduría que yace justo debajo de la superficie de toda metodología clown. Mis alumnos no han hecho más que constatar mi punto de vista: el clown es un arte curativo, además de una actividad gratificante. No obstante, a diferencia de la mayoría de técnicas curativas, su objetivo no es curar enfermos, sino desvelar la vitalidad inherente en todas las personas y gozar de ella. Este goce de ser, que impregna la técnica clown, se complementa con un gran sentido de la condición humana que mantiene nuestros pies en la tierra. Es una combinación insólita que permite a cualquiera beneficiarse al experimentar su clown, independientemente de cuáles sean las creencias personales o la condición social. Lo que te pido, pues, es que mantengas abiertas de par en par las puertas de la mente.

Debo confesar que escribí este libro al revés, el último capítulo lo escribí primero y el primer capítulo, al final (soy payasa, a fin de cuentas), así que esta introducción es en realidad mi conclusión. Concluyo que sigo apasionada por mi arte. Comparto aquí lo que he aprendido con el deseo de que sea de utilidad para estudiantes de clown durante su formación y logre convencer a quienes todavía estén indecisos a… ¡tirarse a la piscina!

2
Preguntas frecuentes

¿Qué es un payaso?

En las primeras entrevistas que realicé a payasos profesionales, yo, como casi todos los entrevistadores anteriores a mí y probablemente como todos los que vendrán, siempre hacía la típica y horrorosa pregunta: *¿Qué es un payaso?*

Tras las primeras entrevistas, caí en mi error. La verdad, es la única pregunta que no debería hacerse a ningún payaso. Cuando soy yo la que me enfrento a ella, siempre me invade un sentimiento de resignación. ¿Por qué? Porque es imposible contestarla sin escribir un libro (razón por la cual he terminado escribiendo uno). Una respuesta breve tiene que ser poética, crear la ilusión de haberla contestado, pero dejando gran parte a la interpretación. ¿Cómo puede describirse un estado cómico en un par de frases? Sería como intentar explicar la experiencia del amor verdadero a alguien que no se ha enamorado nunca. Utilizas palabras para describir tu arte, pero eres consciente de que tu experiencia en él es, por naturaleza, subjetiva. Así, pues, una respuesta honesta a tal pregunta sería: "No, por favor, ¡no me hagas esta pregunta! Pregúntame lo que un payaso no es."

Esta pregunta es mucho más fácil de contestar. Todos responderíamos más o menos lo mismo: "Un payaso no es un disfraz, ni un personaje que construyes desde fuera y que luego representas. Un payaso no es en absoluto una nariz roja o un estereotipo."

Sin embargo, en un momento u otro de tu formación tendrás que enfrentarte, indefectiblemente, a la pregunta: *¿Qué es un payaso?*, y quizá te sea útil tener a mano una breve respuesta para salir del paso. Aquí tienes algunas de las poéticas respuestas de profesionales a los que les pregunté antes de decidir no hacer eso nunca más. ¡Espero que te ayuden!

> "Yo ahora, después de 18 años trabajando en ello, siento que el clown es un lugar, un lugar donde te paras y ves las cosas realmente de otra manera."
> *Wendy Ramos, clown, Perú*

> "Es alguien que pone su sana locura personal al servicio de la escena y de la comunicación. Es el que es capaz de hacer ese *striptease* del alma que significa ponerse la nariz y salir al escenario a contar cosas. Es un acto de una enorme intimidad y vulnerabilidad. Hay que estar muy abierto, muy disponible y disponer de una gran humanidad."
> *Merche Ochoa, clown, España*

> "Un payaso es un poco de anarquía, y un mucho de transgresión."
> *Jason Vásquez, clown, México*

> "Es el que recupera las cosas que se pierden cuando uno va creciendo y se va cuadriculando en esta sociedad."
> *Miguel Ángel Batista, clown, España*

> "Eres tú mismo, pero caracterizado. Es la caricatura del individuo, pero se sigue viendo a la persona. Ahí está su rostro, sus virtudes, sus defectos, sus manías y

sus obsesiones, pero juega con ellos: un peinado un poco distinto, un aspecto raro, un comportamiento excéntrico."
Andrés Aguilar, clown, México

"Es alguien que usa o no una máscara muy pequeñita y se deja ver completamente desnudo. Es tener esta enorme libertad de mostrarse a sí mismo para que los demás se rían. Además es un comunicador, puede provocar, conmover, enojar."
Lila Monti, clown, Argentina

"Lo que sé seguro como payasa, es que lo más precioso que tengo es mi diferencia, lo que yo sé hacer y que ningún otro payaso sabe hacer, mi manera de entender el mundo. Con eso estoy trabajando: quién soy yo, cuáles son las cosas que me apasionan, cuáles quiero explicar; cuáles, regalar a los demás."
Pepa Plana, clown, España

¿Un clown es lo mismo que un payaso?

A lo largo de este libro usaré los dos términos para referirme a los payasos, pero no los usaré indistintamente. La palabra *clown* es, obviamente, el equivalente inglés de la palabra *payaso*, pero ¡no la uso por ser inglesa!

No sé exactamente cuándo los payasos hispanos empezaron a usar la palabra *clown* en vez de *payaso*, pero creo que fue hace unas tres décadas. Hoy en día, entre los profesionales, se entienden ambos términos, pero no todos están de acuerdo ni con el uso de la palabra inglesa ni con que exista alguna diferencia entre ambas. Todos los profesionales que se denominan a sí mismos *clowns* dirían, sin vacilar, que son payasos. No es que sientan rechazo por la palabra, pero sí han sentido la necesidad de desmarcarse de alguna manera de las asociaciones negativas y estereotipadas predominantes en la mente colectiva. La palabra *payaso*, para muchos, sigue evocando la imagen de una persona con disfraz y nariz roja que actúa exclusivamente para niños. Los clowns han querido romper ese molde, que nunca, por cierto, ha coincidido con la realidad.

Los payasos, claro está, existen desde hace siglos, pero solo a partir del siglo XX empezaron a utilizar la nariz roja y a crear entradas para el público circense. Estos payasos, los tradicionales o clásicos, siguen siendo fuente de inspiración para muchos clowns hoy en día, pero muchos otros han inventado nuevos estilos, siguiendo sus propios gustos e ideas. La mayoría de estos últimos ha dejado atrás el vestuario tradicional y ha abandonado las pistas de los circos para seguir buscando, evolucionar y llegar a otros públicos. Por lo menos en España, hoy vemos payasos que ofrecen su espectáculo en hospitales, escuelas, empresas, calles, teatros, bibliotecas, prisiones…; a decir verdad, en casi todas partes. Esta reciente "revolución" en el mundo del clown es el resultado de una experimentación individual y colectiva continua, y de una actitud abierta al cambio.

> "Tradicionalmente el payaso ha sido multidisciplinar (acróbata, malabarista, músico), y aunque sigue habiéndolos, en gran parte el clown actual se ha especializado en la vertiente cómica."
>
> *Alex Navarro, clown, España*

El clown sobre el cual he investigado y escrito en este libro es, pues, contemporáneo, y de ambos sexos. Lo cierto es que los clowns contemporáneos apenas están dando los primeros pasos para intentar explicar su versión del payaso, pero sigue existiendo mucha resistencia dentro de la profesión a etiquetarse. Por lo tanto, no debe sorprendernos que siga habiendo tanta confusión sobre los payasos. El hecho de agruparnos bajo un único paraguas genérico sin más calificación está creando problemas, incluso para nosotros mismos. A menudo asisto a espectáculos de payasos, pero casi nunca sé con lo que voy a encontrarme. No me refiero solamente a calidad o talento, también a estilos y gustos. A veces, viendo alguna de estas actuaciones, me siento como una amante del jazz en un concierto de Georgie Dann; valoro el entusiasmo, pero no mucho más.

En mi opinión, creo que nos haríamos un favor, y se lo haríamos a nuestro público, si aclaráramos lo que nos distingue y lo que nos une. Sé que esto es difícil, porque el arte del payaso está en constante evolución, pero ahora que este arte despierta mucho más interés, ahora que hay muchos más alumnos que desean aprenderlo, nuestro arte debe empezar a definirse a sí mismo, para poder seguir creciendo y llegar cada vez a más personas.

Así pues, usaré la palabra *payaso* para referirme a mi arte y al que lo ha ejercido como tal. Y usaré *clown* para referirme a la nueva interpretación de este arte y a la nueva generación de payasos. No niego que en esencia son lo mismo: un clown es un payaso, con un sentido del humor actual, pero payaso de corazón.

¿Todos llevamos un clown dentro?

Otra pregunta frecuente, pero mucho más fácil de contestar. Sí. Todos tenemos una identidad clown, un clown-id (Freud era demasiado serio y trabajador para darse cuenta). Todo el mundo, con un poco de ayuda, puede experimentar al payaso que habita en él, a ese yo que simplemente es; ese yo divertido y gracioso, amante del juego. En realidad, en el momento en que dejas a un lado a tu yo organizado, realista, crítico y moralizador, aparece tu clown con toda facilidad. Estaba esperando entre los bastidores de tu conciencia, algo impaciente, dispuesto a aprovechar la primera oportunidad que le dieras para aparecer en escena.

El problema es que hasta que no has experimentado realmente a tu clown, aunque solo haya sido durante un brevísimo instante, te resulta difícil de creer. Como también cuesta creer hasta qué punto puede ser adictivo experimentar esa versión chiflada de ti mismo. Los clowns infunden vida en las personas, las aligeran. Mis alumnos suelen quedarse asombrados y muy complacidos después de haber conocido a su yo más efervescente y audaz.

Existe la idea generalizada de que esta identidad clown es, en realidad, el niño interior; pero no lo es. Los clowns no son niños, aunque desde luego no han perdido de vista su infancia ni han dejado de observar a los niños. Los clowns han incorporado aspectos del niño que fueron y de los niños que tienen a su alrededor, pero no se han quedado detenidos en el tiempo.

Si le preguntas a cualquier profesional "¿Quién es tu payaso?", todos te darán una respuesta completamente personal. Todos los clowns conviven en un mismo "patio de juegos", pero cada uno tiene su propio carisma. Si ya has experimentado a tu clown, sabrás que es como si te acabaras de sintonizar en una frecuencia concreta. Cuando recibes la señal, sigues sintiéndote tú, pero con menos complejos y más creatividad.

¿Cómo me sintonizo con mi frecuencia clown?

Cada individuo, y su clown, son únicos, por lo que cada uno debe encontrar su propia manera de "conectarse". El docente puede orientar a sus estudiantes en una buena dirección, pero no está en sus manos abrirle las puertas al clown para que salga; eso depende exclusivamente de cada alumno. Como muchos profesores, en mis clases de clown utilizo juegos y ejercicios para estimular la conciencia, la apertura y la confianza, y también para enseñar la habilidad escénica y, por supuesto, la técnica.

Fundamentalmente, pido a mis alumnos que improvisen, no que preparen números, porque la improvisación es una herramienta de aprendizaje mucho más valiosa, incluso para clowns experimentados. A veces dejo a los estudiantes de nivel medio preparar material, pero siempre les aviso que probablemente no llegarán a representar lo que han preparado. Muy a menudo, haber planeado un número hace que, al mostrarlo en escena, los alumnos pierdan a sus clowns y el contacto con el público; lo cual significa que no están aprendiendo nada.

Si los alumnos tienen que improvisar, ocurren cosas extraordinarias y divertidas. A veces, el material que surge es mucho más cómico que algunas actuaciones profesionales. *Wikipedia* da una definición muy útil de la improvisación:

> La práctica de actuar, cantar, hablar y reaccionar, de hacer y crear, en el momento y como respuesta al estímulo de nuestro entorno inmediato y de nuestros sentimientos íntimos. El resultado puede ser el inventar nuevas formas de pensar, nuevas prácticas, nuevas estructuras o símbolos y/o nuevas formas de actuar. Este ciclo inventivo tiene lugar de un modo más efectivo cuando quien lo practica posee una comprensión profundamente intuitiva y técnica de las habilidades y las inquietudes necesarias dentro del terreno improvisado.

El clown y la improvisación andan de la mano. Los clowns son, por naturaleza, espontáneos, impulsivos e inventivos. Sin embargo, las personas en general no siempre se sienten muy inventivas, ni tampoco son capaces de permitirse ser clowns porque sí, sin más. Aprender a sintonizar con tu clown cuando quieras requiere tiempo y dedicación. Adquirir la técnica clown te aportará recursos muy valiosos y la confianza para utilizarlos en las improvisaciones. También, empezarás a adquirir información física o emocional sobre tu clown, que te permitirá encontrarlo cada vez con más facilidad. Como en cualquier otro campo, la práctica hace al maestro.

¿Existen diferentes pedagogías en el mundo del clown?

Las anteriores generaciones de payasos se mostraban sorprendentemente reticentes a adiestrar a los recién llegados a la profesión. Teniendo en cuenta que, a principios del siglo pasado, los payasos se copiaban los números sin miramientos los unos a los otros, podríamos entender que existiera cierta resistencia a compartir conocimientos con cualquiera, aunque en realidad eran muy pocos lo que llegaban a la profesión desde "fuera" (la mayoría de los payasos se habían criado en familias circenses).

Hace unas cuatro décadas, un reducido grupo de intrépidos pioneros se encargaba de la enseñanza del clown (Jacques Lecoq, Philippe Gaulier, Pierre Byland, Annie Fratellini, entre otros), pero en los últimos años el número de profesores ha aumentado considerablemente. Si ya has iniciado tu formación y has empezado a observar y a analizar los espectáculos que ofrecen los payasos, también habrás descubierto con sorpresa que cada profesor y cada payaso profesional parecen poseer una pieza distinta del inmenso y complicado rompecabezas que es este arte. Seguro que algunos profesores se contradicen entre sí, o no opinan exactamente lo mismo que otros. Esto es inevitable. No existe una verdad absoluta, solo una verdad personal, y la realidad es que cada cual tiene que encontrar la suya propia.

Los maestros de clown son guías que pueden ayudarte a encontrar a tu clown, y a entender cómo desarrollarlo y cultivarlo.

Pueden desempeñar un importante papel para que avances, tanto por el camino interior como por el exterior. Es una lástima que aún existan maestros que, como parte de su método docente, maltraten, física o psicológicamente, a sus alumnos, porque consideran que esta profesión no es para los débiles de espíritu. Quizá sea así, pero después de más de diez años impartiendo clases, creo que este tipo de métodos, aunque tengan por finalidad hacer emerger al clown, terminan siendo para muchos alumnos un freno, y a algunos puede causarles un daño que tardará en repararse. La mejor ayuda para la enseñanza en un proceso educativo, que en ocasiones es exigente, inaprensible y que plantea desafíos psicológicos, es el ánimo, la generosidad y la solidaridad.

Cuando empecé a dar clases cometí el error de presionar y exigir demasiado a mis alumnos. En seguida me di cuenta de que con aquel método no conseguía mejorar su capacidad de sintonizar. También me di cuenta de que en las clases de clown, casi todo el alumnado tiende a castigarse a sí mismo, golpeándose después de cada fracaso con su propio bate de béisbol mental. A los alumnos se les debe enseñar que castigarse con la propia crítica negativa es lo peor que pueden hacer. Cuando uno tiene miedo, o cuando se siente inseguro o menospreciado, el clown se encoge y desaparece. Además, a menudo esta crítica negativa, que nace de la absurda idea de que el arte del clown se aprende en un abrir y cerrar de ojos, es equivocada. Este arte, como cualquier otro, requiere años de perfeccionamiento. Por lo tanto, el único bate que permito a mis alumnos usar para ventilar su frustración es un bate real, hinchable y blando. Y a pesar de ser un bate inofensivo, les prohíbo que se den golpes a sí mismos, solo les permito golpear la pared o el suelo, y detrás del telón, para que lo hagan a sus anchas.

¿Tiene alguna gracia el humor agresivo?

Soy muy consciente de que lo que a cada uno le parece gracioso puede variar enormemente; pero, en mi opinión, el humor agresivo, que significa utilizar el humor para degradar o manipular a otras personas, es totalmente incompatible con la filosofía del payaso. Cualquiera que haya profundizado un poco en este tema sabe que el payaso no pretende dominar a nadie. Todo lo contrario, lo que le mueve principalmente es la búsqueda de la libertad.

Reconozco que los "payasos" agresivos tienen sus seguidores. La crueldad rompe todos los tabúes y, por consiguiente, a algunas personas les parece atractiva. Tal vez no son conscientes de ello, pero detrás de todo acto de crueldad subyace una convicción de que la persona hacia quien está dirigida se merece el maltrato. El individuo se convierte en un estereotipo: hombre musculoso, hombre enclenque, mujer gorda, mujer flaca, niño malcriado, etc.

Jugar con estereotipos es una forma fácil de conseguir la carcajada, pero demuestra un nivel bajo de creatividad, sensibilidad y afectividad. Resulta tentador, para quien ostenta una posición de poder, bromear con los que son vulnerables, pero la intención subyacente no es muy positiva. La violencia solo crea más violencia. Es un juego peligroso, ya que tarde o temprano alguien se volverá en su contra. En realidad, corre el riesgo de que todo el público se le ponga en contra, porque un maltrato provoca emociones intensas en las personas: indignación, miedo, ira, inseguridad, tristeza. Este tipo de sufrimiento no puede ignorarse mucho tiempo, el público verá sufrir a las víctimas y empezará a sentirse incómodo. Comenzará a darse cuenta de que sacudir a aquel niño como si fuera un saco de patatas no tiene ninguna gracia, o de que has hecho daño al hombre sobre el que acabas de saltar, o de que la mujer que se ha negado a ponerse de rodillas tiene todo el derecho a decir *no*.

Estar en el escenario es un privilegio que el público te ha otorgado, porque tú te has proclamado artista. El arte que quieras mostrar depende de ti, pero creo que un uso positivo de la posición de poder forma parte del arte del payaso. Los payasos muestran su propia ridiculez primero, y solo después se ganan el derecho a reírse de las estupideces de los demás.

¿Cuál es la alternativa?

Un amigo clown me dijo que el humor es el lenguaje que utilizan los payasos para compartir sus historias, sus emociones y sus aventuras. Le pedí que escribiera algo para incluir en este libro y accedió. Al cabo de una semana me mandó el siguiente texto:

> *Llevo casi una hora escribiendo sobre "el humor" y mi evolución es esta: Cuando llevo unos tres párrafos releo lo que he puesto, no me gusta, reescribo de nuevo, leo, no me gusta, corrijo, leo, pienso que no me explico bien, reescribo, releo, no me gusta, releo, no es eso lo que quería decir, reescribo, releo, creo que no se entiende, leo, lloro, reescribo, me apeno de mí, escribo, me doy pena, reescribo, me rasco la cabeza, releo, reescribo, relloro re rerrasco, re no me gusta, re corrijo retodooooooooooooooo... Conclusión: no sé escribir.*
>
> Carlo Mô, clown, España

Carlo Mô es un clown profesional que ha tenido y tiene mucho éxito en su carrera. Con él, la carcajada es continua, en el escenario y fuera de este. ¿Cómo es posible que no sepa explicar el humor?

Por muy extraño que parezca visto desde fuera, el humor no es una asignatura que se imparta en las clases de clown. No enseñamos a los alumnos a tener sentido del humor, asumimos que todos tienen uno y que lo único que necesitan es un ligero empujón, como máximo. Lo que sí enseñamos es cómo hacer reír a la gente, lo cual, por supuesto, implica aprender cómo ser cómico, pero no es un proceso intelectual. No existen modelos cómicos predeterminados, porque cómo y cuándo representar un gag concreto es casi tan importante como el propio gag.

Aprender a hacer reír es muy complicado: hay muchas capas de información y de habilidades que debes adquirir y practicar. En todas ellas está implicado el humor, pero cada una aborda un aspecto diferente de este. Tu clown utilizará tu sentido del humor particular cada vez que se le presente la ocasión, pero también adoptará un estilo humorístico más universal cuando le parezca conveniente. El humor positivo gusta universalmente, pues es un estilo que fomenta la salud y el bienestar psicológico. Al adoptar este estilo facilitamos el trabajo del clown, porque la risa que provoca es catártica, lo cual significa que el público cada vez tiene una mejor disposición para reírse. El humor positivo implica una mirada positiva de la vida, incluso ante la adversidad; nos permite ser capaces de reírnos de nuestra propia condición humana, sin perder por ello la autoestima, y facilita las buenas relaciones entre las personas, al dispersar las tensiones emocionales.

La sociedad en la que vivimos cada vez necesita más humor. Tras décadas bajo el dominio de la seriedad, la moral del trabajo competitivo y la acumulación material, por fin la gente ha comprendido que la verdadera felicidad está en otra parte. Hoy anhelamos un gozo duradero y el sentimiento liberador que nos procura la risa. Los clowns nos ofrecen una opción alternativa. Con su arte animan a las personas a jugar, a ser ellas mismas, a encontrar el gozo interno y a arriesgarse a abrir su corazón.

3
El manual del buen payaso

Actuar como un payaso o ser un payaso, ¿cuál es la diferencia? Pues la que hay entre alguien que construye su payaso a partir de un cliché y alguien que lo hace desde su propia personalidad; es decir, entre alguien que se esconde detrás de un disfraz (literal o psicológico) y alguien que se muestra tal como es. Actuar como un payaso es limitarse a imitar un estereotipo; ser un payaso es abrirse a las múltiples facetas ridículas de uno mismo.

Es muy fácil observar la diferencia desde el público: cuando estás mirando a un payaso en acción y sientes que no te está transmitiendo algo honesto, fresco y vivo quiere decir que está representando al "personaje", que está utilizando gestos y expresiones arquetípicos de este personaje, pero no los que son propiamente suyos. Su actuación, entonces, se queda en la superficie; no es algo que sale desde dentro, de un impulso personal, y por eso se percibe como falso y resulta poco creíble. Si, por el contrario, sientes que el payaso te está invitando a participar en su propio universo, que reacciona a lo que sucede desde su propio abanico de expresiones, entonces estás viendo a un payaso auténtico.

"El personaje payaso" aparece en los años setenta, cuando los mimos empezaron a usar vestuarios y maquillajes similares a los de los payasos. Algunos escribían libros sobre cómo ser un payaso, pero ya que eran mimos, en realidad lo que estaban describiendo era cómo imitar a un payaso. Por una razón u otra los payasos nunca han querido aclarar por escrito la enorme diferencia entre su arte y el arte de la pantomima, así que estos libros han ejercido una fuerte influencia sobre generaciones de payasos aficionados y profesionales, que, por falta de información alternativa, han recurrido a ellos. Tanto ha calado esta influencia y la subsiguiente proliferación de imitadores de payasos en nuestra cultura que da la impresión de que hacer muecas exageradas es un criterio para convertirse en payaso. No es así.

Llevo más de veinticinco años buscando información sobre el arte del payaso, a través de cursos, actuaciones, conversaciones y experimentaciones. Al principio, sin haber apenas estudiado, monté un espectáculo infantil al más puro estilo "personaje payaso", y durante dos años di representaciones en escuelas. Fui incorporando cada vez más una versión pantomímica de mis expresiones emocionales hasta automatizarlas, hasta crear rígidas máscaras de ellas. Creí que así llegaría a ser una buena payasa, con expresiones estúpidas perfectas y un dominio corporal absoluto, pero en realidad me estaba alejando cada vez más de mi verdadera payasa, e inconscientemente lo sabía. Después de dos años intentando mejorar mi actuación por mí misma, todavía me sentía incómoda, incluso tensa, en escena. Sentía que me faltaban recursos y, peor aún, mi espectáculo no acababa de convencerme del todo.

Fue entonces cuando decidí acudir a una escuela de circo, a estudiar con Franki Anderson, en Fooltime, Bristol (Reino Unido). Fue un lujo asomarme por primera vez al verdadero mundo del payaso de la mano de esta profesora. En aquella época no había muchas payasas en el mundo, pero ella lo había sido y llevaba años enseñando. Estudiar a diario con ella me abrió los ojos. Me llamaba "sargenta", por mi manera tan rígida y autoritaria de actuar, y me animaba a dejar mis galones. Hacerlo fue una tarea difícil y dolorosa, y no lo conseguí de un día para otro. Sin mis máscaras me sentía desnuda e indefensa, y me faltaba confianza en mí misma para dejarlas de golpe. Pero, por lo menos ya sabía que debía hacerlo, que esto era necesario si quería crecer y llegar a ser de verdad una buena payasa.

Mi aprendizaje ha durado años. De hecho, ha durado tantos años como los que llevo de payasa, porque a medida que voy creciendo y cambiando, también lo hace mi payasa. Ella ya no es un personaje fijo y estático, ni es perfecta, igual que yo no puedo serlo. Me gusta que sea así. De ella aprendo como soy; le doy rienda suelta para sorprenderme, y siempre lo hace, lo que resulta fascinante. El hecho de haber vivido la diferencia en primera persona me permite decir, sin la menor duda, que ser payasa no es solo apasionante, sino también saludable, para uno mismo y para los demás.

Las acciones y reacciones automáticas

En los cursos de iniciación al clown que Alex Navarro y yo damos juntos, no repartimos narices rojas en seguida. Primero pedimos a nuestros alumnos que jueguen y sean ellos mismos en el escenario. Aun así, nos hemos percatado de un extraño fenómeno que se da en algunas personas cuando se ponen la nariz. De repente, pierden la autenticidad que tenían antes de ponérsela. Entran en escena con una alegría forzada o gritando "¡hola!", con una vocecita aguda, fingen un traspié y caen de culo, o adoptan una actitud infantiloide. Se empeñan en hacer cosas sin sentido, o nos piden un aplauso sin habernos ofrecido nada. Evidentemente nadie ríe con estas acciones. De hecho, son recibidas más bien con un silencio incrédulo o miradas irónicas entre los miembros del público.

Esto ocurre tan a menudo que le hemos dado un nombre a dicho fenómeno: "El manual del buen payaso", que es como llamamos toda acción o reacción automática o falsa de nuestros alumnos cuando improvisan haciendo ejercicios de clown. Se trata de una imagen que nos parece muy útil, porque abarca el problema en su totalidad y, al mismo tiempo, ofrece una solución fácil, la de tirar el libro al cubo de la basura.

La acción automática arranca de una necesidad de hacer. El alumno "hace" mucho (se mueve, gesticula y habla), pero no vive ninguna de sus acciones en el aquí y el ahora; no siente lo que su acción provoca en los demás ni en sí mismo; y no toma pausas, ni siquiera para respirar. Estas son acciones sin conciencia, y es precisamente este elemento, la conciencia o la falta de ella, lo que distingue el juego falso del verdadero. El juego del clown se basa en ser consciente y en estar presente en el escenario. El verdadero clown no pasa a la acción sin más; hace justo lo necesario, en el momento más oportuno. Acciona porque quiere mostrar algo concreto que le parece cómico o para crear un efecto ridículo, preparar el terreno para un gag, involucrar a los demás en su juego, etc.

> "Si en una improvisación con otro compañero, este te da una patada en el culo y 'te enfadas', suele ser una reacción automática. Si te permites sentir, quien sabe... a lo mejor te gusta y se crea un fantástico juego."
>
> *Alex Navarro, clown, España*

Las reacciones automáticas más comunes son:
- Alguien te mira a los ojos de cerca: te enamoras.
- Alguien se hace daño: le consuelas.
- Alguien te rechaza en público: te entristeces o lloras.
- Alguien te sonríe: te alegras.
- Alguien te hace "Buuuhhh": te asustas.

Estas reacciones —y muchas otras—, a menudo se expresan de una manera pantomímica o exagerada. En cada gesto se ve claramente un estereotipo, por ejemplo la tristeza; el alumno encoge los hombros, hace una mueca y utiliza los puños para quitarse las "lágrimas".

¿Accionas o reaccionas automáticamente?
Es fácil saberlo: saluda a un amigo ahora mismo (si no hay uno cerca, imagina que lo hay). Ahora saluda a un desconocido. ¿Qué has hecho? ¿Has repetido el mismo gesto y empleado el mismo tono de voz, o ha habido cambios en tu expresión facial, vocal y gestual? ¿Te ha salido con naturalidad las dos veces? ¿Has sentido una diferencia? (y por sentir no me refiero solo a tus emociones, sino también a tus percepciones sensoriales y tus impulsos instintivos no censurados). Cuanto más orgánica sea tu expresión, más auténtico será tu clown.

Las actitudes falsas
El niño estereotipo
Si todavía estás buscando tu clown, evita los estereotipos como la peste, en particular las actitudes y los gestos infantiloides, como retorcerte los pantalones con las manos, fingir timidez y hablar con voz de pito.

En clase, cuando alguien empieza a actuar de esta manera le pregunto "¿Cuántos años tienes?", lo que siempre hace reír a los miembros del público, porque para los que le observan es evidente que no tiene la edad que finge tener. Pero para el que actúa no es nada obvio. De hecho, lo normal es que se resista a la situación respondiendo como si tuviera de cinco a diez años, en vez de su edad real. En tal caso sigo haciéndole la misma pregunta hasta que acaba diciendo su verdadera edad, lo que le puede costar mucho, incluso aunque entienda en cierto modo lo que pretendo conseguir preguntándole eso. En cualquier caso, cuando dice su verdadera edad le cambia la expresión por completo; cae la máscara y allí está, con su voz y su mirada verdadera. ¡Por fin!

Algunas personas integran la enseñanza al instante, y ya no vuelven al niño estereotipado, pero a otras les cuesta horrores quitarse esa máscara. En estos casos recurro al humor para provocar una respuesta inmediata. He encontrado varias maneras muy eficaces de hacer esto, pero mi preferida es la siguiente: si veo que alguien finge ser un niño, le pregunto su nombre. Es algo fácil que puede decir sin pensar. Si responde "Carlos", yo le pregunto "¿Carlos o Carlitos?", para que recuerde su edad. Normalmente esto es suficiente para que caiga en la cuenta, pero si necesita más ayuda aún, le digo "Carlitos, ¿puedes ir detrás del biombo y pedirle a tu hermano mayor que salga?". Este estímulo tiene una utilidad doble. Primero, "Carlitos" puede salir del escenario con dignidad y riendo, y volver a entrar como Carlos "El Mayor", pidiendo disculpas por el deplorable comportamiento de su hermano menor. También puede entrar amenazando al pequeño con contárselo todo a papá y mamá. ¡Puede incluso discutir acaloradamente con su "hermano" detrás del biombo! Sea como fuere, la entrada de Carlos "El Mayor" va acompañada casi sin excepción de aplausos y risas, y su éxito quedará grabado en su mente, lo que le facilitará el aprendizaje ulterior.

¿Por qué es mejor evitar al niño estereotipado? Por la sencilla razón de que tu clown tiene la edad que tienes tú. Puede que sea un niño en su corazón, pero en todo caso es un niño real, mientras que el estereotipado no.

Un niño real expresa sus emociones de maneras sorprendentes. Mi hija se extravió cuando tenía cuatro años, una situación por la que evidentemente se vio superada, sin embargo cuando la encontré ni siquiera estaba llorando. Su manera de expresar el susto tremendo que se había llevado fue chuparse la manga de la camiseta hasta dejarla empapada de saliva. Notarás, si observas a los niños de hoy, que en ninguna etapa de su desarrollo utilizan los gestos estereotipados que he señalado antes. En España, por ejemplo, son más bien espabilados. A los cinco años, a la gran mayoría les encanta ser protagonistas, aprenden la chulería a los seis o siete años, pueden imitar a un adulto perfectamente a los ocho años y a los diez, ya se creen que lo son.

La sonrisa social

Una sonrisa, supuestamente, hace que parezcamos más simpáticos, afables y amigables a los demás, pero si es automática y reiterada, solo hará que parezcas un embustero. La trampa es usar la sonrisa como salvavidas cuando en realidad sientes miedo (o cualquier otra emoción que no quieres mostrar). Para tu clown, la sonrisa social es una camisa de fuerza. Si siempre entras en escena sonriendo, has decidido de antemano que, encuentres lo que encuentres, estarás contento (o por lo menos, lo aparentarás). No estás permitiéndote sentir y ser, ni estás dejando espacio a otros desenlaces posibles. Quizá tu clown sea entusiasta y alegre, y esa sea su forma natural de entrar en escena, pero debes estar abierto a cambiar de emoción si la situación lo requiere.

Ser buena persona

La presión social que nos exige "ser buenas personas" condiciona las respuestas reales de muchos de mis alumnos. Las respuestas siempre bondadosas son propias de aquellos que, más bien inconscientemente, quieren caer bien a todo el mundo, y con tal fin se instalan en acciones y reacciones sosas, que no les definen más allá del hecho de ser "buenas personas". En sus improvisaciones evitan el supuesto sufrimiento de los demás y resuelven en seguida los problemas que surgen, apagan el conflicto en su embrión e intentan que todos se sientan cómodos y amados.

No hay nada malo en ser bueno en la vida real. Es una necesidad de supervivencia. Otra cosa, y muy distinta, es no poder romper nunca dicho "molde" —no permitirse ni siquiera jugar a estar enfadado o a ser malo—. Cuando siempre buscamos la aprobación ajena, en el fondo estamos intentando evitar la desaprobación, en vez de ser fieles a nosotros mismos, lo cual es un requisito imprescindible para encontrar tu clown. En una improvisación entre clowns el público no te juzgará por rechazar, competir, ser indiferente, enfadarte, dominar, culpar, burlar o pisotear, porque sabe que no va en serio y que es un mero juego que estás representando para su disfrute.

Volvamos al saludo de antes. Esta vez te pido que saludes a una persona de la que estás harto y a la que no tienes ganas de ver. Pruébalo ahora. No es lo mismo que saludar a un amigo, ¡apuesto que no! Saludar a alguien a quien secretamente amas con locura te será muy distinto que saludar a alguien que encuentras repulsivo. Y saludar cuando estás triste o alegre también será distinto. Con tantos estados de ánimo, no tiene sentido que en escena siempre elijas expresar amabilidad. No es cuestión de invertirlo todo y ser enteramente malo, sino de reaccionar honestamente.

Es posible que cuando te he pedido saludar no te apeteciera hacerlo y no lo hayas hecho. ¡En el clown esta reacción también es muy válida! Eres libre de elegir el qué, el cuándo y el cómo. No hay una única manera "correcta" de actuar o reaccionar. Si siempre intentas hacer las cosas "correctamente" no estarás relajado ni disfrutarás, y ambas cosas son esenciales para hacer reír.

La indefensión

A estas alturas te habrás dado cuenta de que "El manual del buen payaso" es en realidad un sistema de autodefensa nada eficaz en el mundo del clown. Esto es así por la sencilla razón de que un clown no se defiende. Es decir, no evita que las cosas ocurran, no niega lo que siente, no esquiva el fracaso, no elude su vulnerabilidad. Es más, se permite el lujo de ser ingenuo. No se le pasa por la mente que alguien le va a hacer daño, no espera lo peor, no se imagina que le van a engañar y, por ende, no necesita estar a la defensiva. Como nosotros, el clown es vulnerable; pero, a diferencia de la mayoría de nosotros, él nos muestra su vulnerabilidad.

En el mundo actual es casi imposible ir por ahí sin defensas. Fingimos, pues, ser fuertes y que nada nos afecta, no sea que alguien nos quiera hacer daño. Solo en la intimidad nos permitimos mostrarnos desarmados, y a veces, ni allí. La verdad es que puede costarnos lo indecible quitarnos la armadura de defensas que llevamos, y no es de extrañar. Si buscamos sinónimos de la palabra indefenso, la lista que aparece es de una negatividad abrumadora, que lo explica todo: desamparado, desvalido, desprotegido, pobre, abandonado, débil, arrinconado, expuesto, perdido. No es como para dejar las defensas en casa, ¿verdad?

Pero, ¿te has detenido a pensar qué estas protegiendo con tanto empeño? ¿Si tanta protección es realmente necesaria? ¿No merece la pena dejarse llevar alguna vez?, ¿librarse de tanta armadura pesada?, ¿aplicar el buen humor a uno mismo? ¿No sería más emocionante ser generoso y mostrar quién eres realmente? Tu clown, al estar indefenso, defiende con creces todo lo que es fundamental:

- Su integridad
- Su singularidad
- Sus creencias y valores
- Sus verdades personales
- Sus tics particulares
- Su salud emocional
- Su creatividad innata
- Su niño interior
- Su derecho a equivocarse
- Su solidaridad humana

El único mecanismo defensivo que necesitarás en el escenario es el sentido del humor, que además es el mejor que existe para el día a día. Una arma apta para todos los públicos, eficaz, ingeniosa y agradecida.

¡Ponte manos a la obra!

Si leyendo este capítulo te has dado cuenta de que has incorporado algún aspecto de "El manual del buen payaso", ¡felicidades!, el primer paso es admitir dónde te encuentras. El segundo paso, obviamente, es intentar hacer algo al respecto. Para crecer como clown (y también como persona) tienes que tomar conciencia de las veces que actúes o reacciones de manera automática. Como en todo, es cuestión de observar y practicar.

Improvisando

En un curso de clown, donde estás experimentando todo por primera vez —porque, incluso conociendo el ejercicio, cada vez que lo hagas será distinto—, tienes una gran oportunidad para aprender a actuar con integridad. Ahí puedes detenerte, darte un espacio para sentir y estar muy presente. Pregúntate: "¿Qué estoy sintiendo? ¿Qué quiero hacer?". Escucha tu cuerpo, tu respiración, las tensiones o los movimientos en cualquier parte de tu cuerpo, por pequeños que sean. Déjales guiarte. Luego mira y escucha al público. ¿Está contigo?

Si piensas que no sientes nada en particular, confiésalo. Como maestra, prefiero que alguien me diga abiertamente: "no siento nada" (que viene a ser lo mismo que decir "no sé lo que siento"), pues entonces puedo ayudarle. "¿Qué te hace sentir el hecho de no sentir nada? ¿Sientes pánico, frustración, enfado, o te da igual no sentir nada?". A veces es necesario darle al interruptor para restablecer la conexión con el corazón, porque en realidad siempre estamos sintiendo algo. Tenemos cinco sentidos; si uno nos falla, tenemos cuatro más para darnos información. "Me da igual o no me importa" es una respuesta defensiva, y como he dicho anteriormente, el clown no se defiende, sino que toma la decisión vital de sentir, de mantenerse abierto al mundo y a sí mismo, y de mostrar lo que siente sin miedo.

Ante un público
Si ya tienes un espectáculo o número de clown en marcha, grábate en vídeo y repasa todo lo que haces. Quizá querrás cambiar cosas y experimentar de nuevo. En escena, déjate llevar, especialmente cuando ocurran incidentes que no forman parte de tu espectáculo, pues son momentos idóneos para correr nuevos riesgos. Puede que con solo rebajar la tensión corporal consigas ser más auténtico. Tu público —sea adulto o infantil— es el mejor barómetro. Si tus acciones le convencen, lo agradecerá riendo o aplaudiendo, sin necesidad de animarle a ello.

En la calle
Para practicar y jugar, la calle ofrece infinitas posibilidades y un público real que solo estará contigo si le convences. Allí también encontrarás un sinfín de estímulos diferentes ante los cuales reaccionar. He visto cambios radicales en algunos de nuestros alumnos después de haberles enviado a la calle a jugar. Muchos piensan que no serán capaces de ponerse la nariz roja, pero normalmente son los que después no se la quitan, ¡ni para comer!

Ahora bien, salir a jugar no implica necesariamente hacer partícipes a todos los que pasean por allí. Pero si quieres acercarte a alguien, mírale a los ojos, pues en ellos verás si te da permiso para jugar. Cabe añadir que siempre advierto a mis alumnos que sean comedidos en sus acciones, que no se pasen, que encuentren la manera de interactuar sin que los demás se asusten. Esto es especialmente importante cuando hay niños pequeños de por medio, ya que pueden angustiarse si un grupo de desconocidos con narices rojas se acercan gritando "¡hola!". Es un hecho que las experiencias traumáticas con payasos poco respetuosos o exageradamente grotescos producen miedos duraderos. Tanto es así que los psicólogos tuvieron que clasificar el miedo resultante: la *coulrofobia*. Claro que no se han percatado de que el verdadero culpable es "El manual del buen payaso", y no los payasos auténticos.

4
Todos somos ridículos, tú también

Ahora que hemos tirado "El manual del buen payaso" al cubo de la basura, querrás saber qué tienes que hacer para liberar a tu clown o mejorar tu técnica. Mi intención en este capítulo era precisamente darte una lista de las pautas básicas del clown, de manera que encontraras en ella una serie de pasos a seguir. Pero inmediatamente caí en la cuenta de que no funciona así, el aprendizaje del clown no es lineal, y los pasos que cada uno tiene que dar varían tanto de individuo a individuo que es imposible decir cuál es el primero para ti y cuál el segundo.

En estas pautas se halla el arte del payaso: ser orgánico, jugar, expresar lo que sientes, compartir con el público, tener problemas, hacer tonterías, estar interesado, fracasar, mostrarte vulnerable, usar tu sentido del humor, exagerar, sentir los ritmos cómicos, repetir tus éxitos, disfrutar, caer en las tentaciones, ser honesto, transgredir, redescubrir el mundo, reinterpretar los hechos.

Son pautas básicas, pero te advierto ahora que te será imposible asimilarlas todas a la vez (¡son muchas!). Habrá algunas que te serán fáciles de ejecutar, otras muchas que requieren tiempo y práctica para poder llevarlas a cabo. Y no olvides que saber cuáles son no es lo mismo que ser capaz de manejarlas en escena. Conocerás cómo es tu clown (qué es capaz de hacer, comunicar y sentir), sobre todo ante un público.

De todas maneras, no está de más saber los porqués de las pautas y lo que conlleva cada una de ellas desde diferentes perspectivas: técnica, filosófica o psicológica. Puesto que ello supone mucha información, lo he repartido en varios capítulos. Puedes leer los capítulos en el orden en el que están, o como tú quieras, mi única recomendación es que empieces con el único cometido sin el cual no puedes ser payaso: asumir tu propia ridiculez.

Sí, tú eres ridículo, todos lo somos (quizá no todo el tiempo, pero sí a menudo). Por lo tanto, el aprendizaje clown consiste en reconocer y exponer hábilmente todos estos elementos cómicos que ya tienes a tu disposición. Desarrollarlos y concretarlos con un sentido del humor capaz de activar las risas en los demás, además de provocarlos y tocarles el corazón, depende de la capacidad que tengas de ser tú mismo sin tapujos; o sea, auténticamente *tú*.

Ser auténtico

Tiempo atrás tuvimos a un doble de cine como alumno. "¡Esto es fantástico!", nos dijo al final del primer día. "Siento que no hago nada y la gente se ríe. De hecho, si intento hacer algo llamativo, pensándolo primero, planificándolo, nadie reacciona, así que he decidido no hacer nada, ¡qué simple!".

Obviamente su sensación de "no hacer nada" solo era eso, su sensación. Hacía algo cada vez que salía al escenario, y lo hacía con suma confianza, ofrecía un delicioso espectáculo de autenticidad. Estaba siendo él mismo con tanta soltura que nos tenía cautivados. Mientras que los demás de su grupo luchaban consigo mismos para sentir lo que querían hacer, él simplemente seguía su instinto. Sus acciones surgían directamente de su corazón, y esa honestidad sin complejos resultaba divertidísima. Su carismática ridiculez nos inspiraba un sentimiento de alegría y provocaba nuestra risa instantáneamente. Él, por otra parte, estaba tan acostumbrado a asumir riesgos, a encontrarse en dificultades e inventar sobre la marcha que ni siquiera era consciente de hacerlo. Le era natural encontrar soluciones ingeniosas y mostrarse tal y como era, sin filtros. Comparado con tirarse de un edificio o saltar de un tren, ¡ser clown le resultaba fácil!

¿Por qué ser uno mismo sin tapujos resulta tan divertido? Pues, por la libertad de acción y de expresión que permite. Siendo fiel a quien eres, accionarás y reaccionarás con desenvoltura en el escenario. Harás o dirás la primera cosa que se te pasa por la cabeza, lo cual te llevará a situaciones inesperadas; cómicas por su brillantez, por su estupidez o por ser un absoluto fracaso. Si en vez de estar pendiente de lo que los demás van a pensar de ti o de si lo que estás haciendo gusta o no, te concentras en disfrutar y jugar, saldrá algo singular y fascinante. Todo el mundo posee encanto, algún rasgo de su personalidad que, transmitido en clave de clown, hará que los demás se encariñen con él. Es imposible resistirse a alguien abierto y sincero. Cuando estás siendo payaso en un escenario, el espectáculo eres tú. Cuanto menos te preocupe este hecho, mejor saldrá.

Ser auténtico, por lo tanto, significa ser honesto. Honestamente entonces, ¿quién eres?

En primer lugar, la pregunta "¿Quién soy yo?" tiene tantas posibles respuestas que nos mareamos en seguida. Somos seres de carácter complejo. Conviven en nosotros tantos yos: el yo de nuestros datos personales (nombre, edad, dónde vivo), el yo biológico (mis genes, mi historial médico), el yo profesional (currículo), el yo social, el yo íntimo, el yo espiritual, el yo inconsciente, el yo que pretendemos ser, el yo que creemos ser, el yo que somos, y el ¡yo qué sé! Así pues, no debe sorprendernos que algunas personas entren en una especie de caos mental ante el primer precepto del clown: ser auténtico.

Si eres una de estas personas, tranquilidad. Es un reto, eso sí, pero la única herramienta que necesitarás es la nariz roja; con ella puesta te delatarás a ti mismo. Aun siendo la máscara más pequeña que existe, es la que más revela. Puede que seas el último en enterarte, pero si escuchas la reacción de tu público, poco a poco sabrás cuándo estás siendo auténtico y cuándo no. Además, en realidad, no tienes que saber todo sobre ti mismo para ser tú mismo. De hecho, cuanto más abierto estés a descubrir la realidad de quién eres, aquí y ahora, más fácil te será encontrarte.

> "En el escenario, intento que lo que creo que soy estorbe lo menos posible a lo que puedo ser, a la payasa"
> *Virginia Imaz, clown, España*

Ser auténtico no es siempre bonito, solo real. Habrá aspectos cómicos de tu personalidad que te sorprenderán, otros que serán como viejos amigos, otros que al principio te provocarán rechazo. ¡Dales a todos la bienvenida! Aceptar lo que sale de manera espontánea forma parte del trabajo del clown. Muchas veces nuestros alumnos se sorprenden a sí mismos siendo más sueltos, más entusiastas y más creativos de lo que creían que podían ser. La verdad es que cuanto más natural eres, más vitalidad desprendes. Es cuestión de salir al escenario como clown sin urgencia por impresionar, con la única intención de estar a gusto siendo tú mismo (mostrando, por supuesto, tu locura personal) pase lo que pase.

> "Ser gracioso no es únicamente un talento innato. Los muchos años que he dedicado al humor me han enseñado que éste puede ser continuamente desarrollado y definido explorando nuestro interior, con el fin de encontrar la confianza en uno mismo. Creo que el auténtico talento cómico descansa en la esencia de uno mismo."
> *Leo Bassi, clown, Italia*

Diversión contra seriedad

En el fondo, a todo el mundo le gustaría sentirse siempre en libertad para ser como es, pero no nos resulta tan fácil. En algún momento de nuestras vidas, la mayoría de nosotros caemos en la tentación de disfrazarnos con una máscara más presentable o más aceptable, y negamos ciertos aspectos de nuestra personalidad. Hoy en día podemos hasta cambiar nuestro aspecto físico. Podemos, a base de bisturí, convertirnos en esa fantasía de persona que soñamos ser.

En definitiva, no vivimos en una sociedad que fomente la aceptación personal, ni interior ni exteriormente. Pese a ello, no parece haber eliminado nuestro profundo deseo de libertad personal. Cada vez tenemos más alumnos en nuestros cursos de clown que no vienen para aprender técnica, sino en búsqueda de algún aspecto de sí mismos que han perdido en el camino hacia la adultez. Vienen a buscar alegría, expresividad, vitalidad, espontaneidad, vivacidad, su sentido del humor, etc. Y lo que encuentran no son solo estas cualidades perdidas; encuentran todo un universo de valores invertidos. Un mundo al revés basado en el humor que requiere una gran humanidad y humildad por su parte, pues es necesario que se rían de lo más sagrado que poseen: de sí mismos.

Es una auténtica tragicomedia que el ser humano se tome tan en serio. Creemos con una alocada firmeza que somos importantes, y en la importancia de todas nuestras acciones, sentimientos y deseos. Se considera esta prepotencia y su compañera, la seriedad, como signo de adultez. Su opuesto, la diversión, está reservada solo para el ámbito del ocio. Un adulto que persigue la diversión está catalogado negativamente: es un frívolo, un adicto a la juerga, no tiene los pies en la tierra, es un irresponsable. Los adultos de verdad deben encarar las cosas en serio, tomarse a sí mismos en serio e inculcar en sus hijos la seriedad.

> "Soy un adulto pero esto no significa perder de vista la aventura, la belleza o el placer de la vida. Puedo ser un adulto que siente, que juega, que comparte con los demás y que se interesa por su entorno."
>
> *David Berga, clown, España*

Claro que hay cosas muy serias ocurriendo en el mundo, y creo que no se pueden tomar a la ligera algunas realidades, como la guerra, el hambre o la pobreza. Pero es muy preocupante que, como adultos, nuestra respuesta habitual ante los miles de estímulos que recibimos en la vida sea la seriedad. Esta seriedad la debemos tratar como un virus social, que si no curamos en nosotros, nos hará caer, tarde o temprano, enfermos de verdad. A menudo es solo cuestión de cambiar la perspectiva, de quitar importancia al asunto que tenemos entre manos, y eso el clown lo sabe muy bien. Su mirada no está fija en su ombligo, mira todo lo que hay a su alrededor y ve el conjunto general. Ve la comedia oculta en nuestra "trágica" condición humana.

Existen rutinas clásicas de payasos que no han perdido ni su comicidad ni su habilidad de maravillar al público moderno. Rutinas que personas de cualquier edad aprecian y aplauden. Los primeros payasos del celuloide (Charlie Chaplin, Buster Keaton y los Hermanos Marx, entre otros) se han convertido en verdadero clásicos, y sus películas son tan hilarantes hoy como en su día. ¿Por qué estas rutinas y películas todavía tienen un fuerte atractivo? Pues, además de contar con grandes y experimentados artistas, tienen otro denominador común universalmente terapéutico: nos ofrecen una visión de la comicidad del ser humano y de su eterna lucha contra sus circunstancias. Nos ayudan a vernos a nosotros mismos y nuestra condición tal y como es. Ponen nuestra naturaleza debajo de una lupa, resaltando nuestras conductas y comportamientos, nuestras emociones, nuestras actitudes, nuestros conflictos internos y externos, y, por supuesto, nuestra infinita estupidez. ¡Qué locura de situaciones absurdas, surrealistas, descabelladas, ilógicas, incongruentes, exageradas, irracionales, disparatadas e incoherentes nos regalan estas películas! Reales como la vida misma. ¿A quién no le ha tocado vivir situaciones similares? A los clowns por supuesto que sí. Pero, a diferencia de los demás, buscan el lado cómico de ellas y las transforman en arte.

"El humor es una muestra de la madurez del ser humano."
Carles Sans, clown, compañía Tricicle, España

Los clowns profesionales que conozco no se pasan todo el día gastando bromas y divirtiéndose. Claro que se divierten, pero también son personas comprometidas con su trabajo, lo cual implica tomarlo en serio. Tienen que crear, vender y representar sus espectáculos, y, al mismo tiempo, mantener vivo su sentido del humor. La seriedad y la diversión pueden complementarse, al fin y al cabo es un equilibrio sano. Tomarse en serio las cosas que nos apasionan proporciona sentido a la vida y quitarles importancia a las dificultades mejora nuestra calidad de vida.

Los niños como inspiración

Alex tiene la teoría de que los payasos tradicionales se inspiraron fijándose en los niños. No es sorprendente, ¿verdad? Los niños siempre están dispuestos a crear un espectáculo de todo y de nada, lo hacen sin pensar. No hace mucho vi a una madre paseando con su niño pequeño en la calle, y mientras la madre caminaba en línea recta por la acera, el niño se balanceaba al borde de esta planeando como un avión, entre el peligro de estrellarse y el fuego enemigo de otros pilotos imaginarios. Empleaba todo su cuerpo en la acción, toda su imaginación y, claro está, me hacía una gracia tremenda verle derrochando su exceso de vitalidad sin vergüenza ni contención.

Seguramente a los payasos tradicionales también les hacían gracia los niños e incorporaron algunos de sus gags naturales en su repertorio. Mi hija, cuando tenía dieciséis meses, realizó de forma natural gags clásicos que grandes payasos de la historia ya habían popularizado. Dos ejemplos que escribió mi marido en su portal Clownplanet.com.

> *Donde vivíamos en ese momento había muchos olivos. Fuimos a dar una vuelta y Amara empezó a recoger olivas del suelo hasta tener sus dos manos completamente llenas, entonces se le cayó una oliva y al agacharse para recogerla se le cayeron varias, me miro e intentó recogerlas de nuevo y se le cayeron otras, y así una y otra vez (muchos payasos hacen este gag recogiendo papeles). El otro gag fue en casa. Teníamos varios globos por el suelo y le pedí que me trajera uno, se dirigió completamente decidida a cogerlo, pero antes de llegar sin querer le dio con el pie y el globo se movió, me miró sorprendida y lo volvió a intentar varias veces, y siempre le pasaba lo mismo, golpeaba el globo sin querer y este avanzaba quedando fuera de su alcance (este gag también lo realizan infinidad de payasos pateando su sombrero al tratar de cogerlo del suelo).*

Los payasos, con el tiempo, han sabido aprovechar con destreza todo lo mejor de la infancia. Por eso ahora parece que ¡son los niños pequeños los que son puros payasos! Ellos son los que tienen incorporadas, de forma natural, todas las pautas básicas que enseñamos a nuestros alumnos principiantes. Explicaré con más detalle los paralelismos y las diferencias entre los payasos y los niños en los apartados correspondientes. Aquí solo diré que, sin duda, los niños son una gran fuente de inspiración cómica. Testimonio de cuánto estimulan nuestro sentido de humor son todos los programas de televisión y los libros dedicados exclusivamente a las cosas divertidas que dicen o hacen. Su soltura, su ingenio y su creatividad pueden provocar carcajadas colectivas, algo que por supuesto no ha pasado desapercibido entre los clowns.

Hugo, de cuatro años, le preguntó a su madre: "Mamá, ¿cómo salí de tu barriga?". Y su madre le respondió: "Pues primero salió la cabeza, después los hombros, luego el cuerpo y al final las piernas". Y Hugo dijo, asustado: "Mamá, ¿pero es que salí destrozado?".

Isaac, de cuatro años, iba corriendo, tropezó con su hermana y la tiró al suelo. Su madre le dijo: "Isaac, ¿qué le tienes que decir a tu hermana?". Isaac levantando sus cejas respondió: "¿Que se aparte?".

David, de 5 años, un día les dijo a sus padres: "Y vosotros, cuando yo tenga novia, ¿dónde vais a vivir?".

A Laura, de 4 años, el médico tenía que ponerle una inyección en el brazo y le preguntó al padre cuál brazo usaba más. El padre trasladó la pregunta a su hija, y esta le contestó "¿Para qué quiere saber eso el doctor?", a lo que el padre respondió "Para pincharte en el brazo que no uses", y la niña resolutiva dijo "Uso los dos ¿nos podemos ir ya?".

5
La claridad y la simplicidad

Un payaso adora ser visto, disfruta su momento. Irse es lo último que quiere, por lo tanto da lo máximo que puede dar cuando le toca estar ahí, pues tiene un espacio para ser grandioso. Sabe que su momento es único y que cuando termine tendrá que quitarse la nariz y salir de la luz.
Pablo Luengas, médico de la risa, México

Romper la cuarta pared

En el teatro convencional, los actores fingen que el público no está ahí, usan "la cuarta pared", una pared invisible que separa a los actores del público. Los payasos, por el contrario, no han usado nunca una cuarta pared, su arte requiere que miren y compartan con su público. Esto se debe a que la figura del payaso se desarrolló en la calle y el circo, espacios con convenciones completamente distintas. Los payasos tenían que captar la atención de todo el mundo, porque actuaban para la multitud o para todo el pueblo, y, como muchas de estas personas nunca habían pisado un teatro, no es de extrañar que no crearan barreras invisibles o fingieran que su público no estaba allí. Pero hay una razón igualmente importante que seguramente les impedía adoptar "la cuarta pared" cuando empezaron a trabajar en teatros, y esta razón tiene que ver con lo que hace gracia y causa risa.

¿Dónde está la gracia?

En clase, cuando nuestros alumnos de clown salen a improvisar, muy a menudo hay demasiada urgencia por "hacer algo". Por regla general, se sienten más cómodos en la acción escénica que en la quietud (aunque lo que hagan no esté funcionando en absoluto). Seguramente se sienten más protegidos moviéndose, así nadie les puede acusar de que les falten buenas intenciones. Pero es fantástico cuando se toman un momento al aparecer por primera vez: para situarse, para conectar con el ambiente, con el espacio, con los objetos que se encuentran allí y con las personas que componen su público. Tomarse este tiempo también permite al público absorber su entrada, su energía, su rostro y su lenguaje corporal. La primera impresión siempre es impactante y está bien aprovecharse de ella, por eso es importante poder "no hacer nada".

El "no hacer nada" no es como te imaginas, porque entrar en el escenario no es como entrar en la tienda de la esquina. Hay que entrar con la energía despierta y con los cinco sentidos en alerta. Para que entiendas la idea, sería como si se tratara de la primera salida del hotel cuando se está de viaje en un país desconocido y exótico. Las personas que se sienten intensamente vivas captan la atención, como cuando alguien está enamorado y de repente atrae mucho más la mirada ajena. Esta vitalidad crea una especie de electricidad que rompe inmediatamente cualquier estado de aburrimiento, distracción o apatía que los miembros del público pudieran sentir antes de la entrada del clown.

Claro está que un clown puede entrar en el espacio escénico de mil maneras diferentes, y dar expresión a cualquier emoción, no hay una regla de oro, solo el hecho de dar comienzo a algo novedoso. Este comienzo es la tarjeta de presentación del clown, es cuando su público se formará su primera impresión de él: ¿cuál es su apariencia?, ¿qué expresión tiene?, ¿qué transmiten su cuerpo y su mirada? Esta información inicial puede instalar a ambos en un lugar más cercano o más alejado. Los clowns quieren despertar la confianza y la cercanía, por eso ofrecen toda esa información con transparencia y sin tapujos. Sin que ni siquiera las personas presentes sean conscientes de ello, el clown les habrá iniciado en una relación, les habrá invitado a participar en su universo, por el hecho de reconocer, a través de su mirada, que están ahí. El clown viene a eso, a crear una relación afectiva con su público.

Diferentes estudios han confirmado que la risa es un fenómeno social y contagioso. Cuando las personas están solas apenas se ríen, la risa se da con mucha más facilidad cuando existe un vínculo afectivo. Siempre ha sido algo obvio para los payasos: *compartir* es algo inherente a su arte. Un clown comparte todo lo que le ocurre y lo que se le ocurre, creando así cercanía con su público y, a la vez, activando los estímulos de la risa.

> "Según sea la calidad de la comunicación que mantengamos con una persona o un grupo de personas así será la calidad de la relación que obtendremos."
> *Marcela Escobedo, psicóloga*

La relación que el clown aspira a tener con su público es cálida, abierta, íntima. Desconcertar a su público sería correr el riesgo de que este se distancie. Además, las personas no ríen si están confundidas. Por eso el clown ha adoptado un lenguaje universal para comunicarse. Su secreto está en la simplicidad y la claridad. Sabe que es esencial no sobrecargar al público con información, y que todo el mundo tiene que entender lo que está pasando en todo momento. Por eso el clown divide la acción en partes masticables, da espacios para la risa y realza los ritmos cómicos.

El tempo del clown

El ritmo que tiene cada clown viene marcado por el propio ritmo básico de la persona que le da vida. Una persona nerviosa tendrá en el escenario un ritmo más rápido que una persona tranquila. Pero más allá de sus diferentes ritmos personales, los clowns marcan tempos precisos cuando actúan. Su expresión corporal, emocional y vocal sigue la pauta de simplicidad y claridad en todo momento, y por eso, en general, los clowns marcan un tempo más lento que el de una persona normal.

El público necesita poder "leer" lo que le está ocurriendo al clown, pero a él también le viene bien este tempo más lento. Él necesita poder asimilar lo que ha ocurrido y mostrar cómo se siente con claridad. Además, lo divertido son los detalles, y cuanto más acentuados estén, más probable será que los capte todo el mundo. Una persona "normal" reacciona de una manera más instantánea: al enfrentarse a un problema intentará solucionarlo rápidamente, ante un acontecimiento placentero no dudará en disfrutarlo y ante un gesto ambiguo de su compañero, lo más normal es que lo obvie.

Pero para el clown actuar así sería acabar bruscamente con todo su juego. E implícito en el juego más amplio (tener un problema, mantener un diálogo de besugos, malinterpretar algo, etc.) está el juego de marcar los tiempos cómicos. Las pausas, los silencios, las aceleraciones y deceleraciones son cruciales para mantener el flujo de la risa. Si no se toma el tiempo adecuado es posible que el gag no tenga la misma fuerza, o no llegue al público de una manera orgánica, y entonces no habrá una respuesta positiva. Entre los clowns profesionales es bien conocida la importancia de los tiempos. Con cada obra nueva hay un periodo de ajuste. La tendencia normal es a acelerarse, pero es igual de devastador caer en la lentitud. Hay un tiempo específico para cada gag, acción o reacción, y eso es algo que con la experiencia o el rodaje uno llega a sentir.

Las pausas

En clase, nosotros animamos a nuestros alumnos a sentir los tiempos en sus improvisaciones; a marcar ritmos, ralentizar o acelerar sus acciones, y, sobre todo, a entender el gran valor de las pausas. Las pausas durante la acción son capaces de transmitir mucha información. El tiempo de cada pausa irá en función del clown y la situación que está viviendo, y en general no suele durar más de dos o tres segundos. A continuación doy un ejemplo de la información que se puede transmitir mediante pausas en una actuación:

El clown cruza el escenario y golpea sin darse cuenta un carísimo jarrón que hay en un pedestal. El jarrón se cae y se rompe (pausa).

Información transmitida con la pausa: Ha oído algo raro y se pregunta "¿qué ha sido eso?".

Mira el jarrón roto (pausa, sin dejar de mirarlo).

Información: se da cuenta de que hay un jarrón roto en el suelo y que es el resultado de su torpeza.

Mira al público, abre sus ojos de par en par (pausa).

Información: ve que le han visto hacerlo y se siente en evidencia.

Mira el jarrón roto de nuevo y luego, "asustado", mira al público (pausa).

Información: sabe que tiene que rectificar la situación, pero no sabe cómo.

De repente, ve que hay una alfombra y se le ocurre la solución, solo tiene que empujar los pedazos bajo la alfombra. Lo hace disimuladamente (pausa).

Información: piensa que lo tiene todo controlado.

Mira al público satisfecho (pausa).

Información: aquí no ha pasado nada.

Sigue su camino.

El clown necesita tomar pausas, necesita esos espacios de tiempo para absorber lo que está ocurriendo, para activar su cerebro, para interpretar los hechos o para encontrar una solución. Él los necesita, pero, como ya hemos visto, su público también. Con pausas, el público puede relajarse y reír sin miedo a perderse algo, la acción se vuelve más limpia, más fácil de "leer" y, al mismo tiempo, se vuelve sutilmente más viva. Precisamente porque el clown vive esas pausas, cada acción y cada mirada están cargadas de una energía vital que invita a observar con interés. Su público no sabe hacia dónde le llevará, pero rápidamente se da cuenta de que el clown no vive en una realidad aburrida, plana y limitada; todo lo opuesto.

6
El lenguaje clownesco

El lenguaje de los payasos usualmente rompe barreras culturales, sociales, generacionales e incluso lingüísticas. En este capítulo explicaré con más detalle este lenguaje clownesco, un lenguaje basado en la expresión honesta y lúdica de las emociones, el cuerpo, la voz, y que requiere del estudiante volver a manejar con maestría los fundamentos de la comunicación: el lenguaje no verbal, el emocional y el verbal.

El lenguaje no verbal

Los niños practican espontáneamente los principios básicos de la comunicación desde muy pequeños. Saber comunicar sus necesidades e interpretar la información que reciben les es esencial, una cuestión de supervivencia. Los bebés nacen con la habilidad de llorar y sonreír, y a la vez se muestran sensibles a diferentes caras, tonos de voz y contactos físicos. La comunicación no verbal obviamente domina las primeras etapas del desarrollo humano, pero sigue teniendo una importancia elevada, incluso en la comunicación entre adultos. Estudios realizados por el psicólogo Albert Mehrabian, en 1972, sobre la importancia relativa de los mensajes verbales y no verbales, concluyeron que las palabras utilizadas por un orador solo influyen en su espectador un 7%, mientras su tono de voz, un 38%, y su lenguaje corporal, un 55%. Por lenguaje corporal se refiere a gestos, expresiones faciales, postura corporal y contacto ocular.

Los antropólogos han estudiado el comportamiento humano en muchas y distintas culturas; aunque han notado bastantes diferencias, también han podido identificar "universales humanos", comportamientos intrínsecamente similares que atraviesan las razas, los sexos y las culturas. Entre otras cosas, se ha descubierto que todos los humanos son estudiantes del lenguaje corporal de sus congéneres. Todo el mundo observa con interés las caras de los demás. Las emociones básicas tienen expresiones faciales específicas reconocidas en todo el mundo. Somos además muy diestros en detectar una expresión honesta y desestimar una falsa.

Así que, lo sepas o no, eres un experto en leer e interpretar el lenguaje no verbal. Los payasos simplemente se aprovechan de tu pericia. Los más experimentados utilizan todo su cuerpo para expresarse; saben que una subida de los párpados habla por sí misma, que una inhalación retenida denota miedo, que un encogimiento de hombros indica incomprensión, etc. Incluso los movimientos musculares más sutiles tienen la capacidad de comunicar algo muy preciso. Un buen clown no tiene que ilustrar con gestos excesivos sus intenciones o deseos, no necesita dar explicaciones extendidas, pues conoce la eficacia comunicativa de los gestos naturales. Si quiere que su público entienda que él tiene que irse aunque desea quedarse, basta una mirada hacia la salida, seguida de una mirada hacia el público y un suspiro resignado.

El juego corporal

Los clowns conocen la efectividad de los gestos naturales, pero, obviamente, esto no significa que no se permitan usar movimientos exagerados, extravagantes o descabellados. Juegan con sus cuerpos sin cesar, valiéndose de sus extensas posibilidades, desde la más fina motricidad hasta la más atrevida. Estos juegos corporales, en apariencia tan similares a los movimientos físicos de los niños, les proporcionan un doble resultado: primero, son sumamente divertidos, por lo tanto hacen reír, y segundo, les permiten romper las reglas sociales sin hacer que su público se vuelva en contra de ellos. A continuación lo explico con más detalle.

a) El movimiento excéntrico

En la temprana infancia: Los movimientos corporales de los niños pequeños (hasta los tres años) son innegablemente una inspiración cómica. Como todavía no dominan del todo sus cuerpos, muchos de sus movimientos son extraños o excéntricos. Además, al no tener noción de lo que es valioso, sucio, frágil o peligroso, tocan y saborean todo, y al no tener noción del tiempo ni sentido de la responsabilidad, están más receptivos a los estímulos proporcionados por sus cinco sentidos. Así que durante mucho tiempo sus sensaciones corporales rigen sus acciones sin interferencias cerebrales; son egocéntricos, testarudos, impulsivos y desordenados. Pero poco a poco se dan cuenta de que existe un mundo paralelo, el mundo de los adultos. Su deseo de imitar las actividades de sus mayores les motiva a probar nuevos retos físicos, pero su dominio corporal casi siempre les falla. No obstante, tienen determinación y paciencia, y están no solo dispuestos a la repetición, sino que además es su juego favorito.

Usado por el payaso: Un payaso siente su cuerpo y lo deja moverse sin inhibiciones. Igual que un niño pequeño, uno de sus juegos favoritos es perderse en el placer que le produce un determinado movimiento (o serie de movimientos), lo cual le hace repetirlo hasta la locura. Otro es aparentar que ha perdido el control, sobre su propio cuerpo o sobre los elementos que maneja. Un payaso crea juegos físicos basados en sus propios movimientos naturales o en los movimientos de sus "ídolos". Si se trata de sus propios movimientos, el juego básico es llevarlos poco a poco a la exageración, haciéndolos cada vez más grandes y extendidos, o cada vez más pequeños y rápidos. Y si se trata de los gestos que ha observado en otros, el juego básico es la imitación, que no es capaz de lograr del todo. En cualquiera de los casos aplica a la acción el mismo ingenio e interés que un niño.

b) Las reglas sociales

Los niños pequeños están felizmente inconscientes de las reglas que gobiernan el comportamiento social entre adultos. Pueden mirarnos fijamente durante varios minutos, pueden dejarnos una galleta masticada en la mano, pueden decirnos palabras insultantes, pueden llorar a gritos en nuestras orejas, pueden invadir nuestro espacio personal, pueden no hacernos caso en absoluto, y nosotros los adultos, les perdonamos todo, ¡les sonreímos! ¿Por qué? Porque son inocentes. Sus acciones no nos intimidan, aunque pueden incomodarnos; de hecho, estando a solas con ellos muchas veces nos sentimos de repente mucho más libres. Ponemos caras estúpidas, emitimos sonidos ridículos, hacemos tonterías sin cesar. Sabemos que ellos no nos están juzgando y respondemos con semejante apertura mental. Les permitimos mucha más libertad de acción y reacción de la que daríamos a un adulto. Además, les prestamos mucha más atención.

No debe sorprendernos, entonces, que los payasos hayan adoptado la esencia de la expresión física de los niños en su arte. Les otorga tanta más libertad en todos los sentidos. Por dar solo un ejemplo: entre adultos que no se conocen, el mirarse a los ojos dura aproximadamente un segundo y medio, un niño no aprende a romper tan instantáneamente el contacto ocular hasta alrededor de los cuatro o cinco años.

La conciencia física

Así que, en un principio, dominar el lenguaje no verbal consiste más en desaprender que en aprender, requiere liberar e investigar de nuevo la propia expresividad física, con el fin de encontrar "el espectáculo" que hay en ti. Este saldrá de tus movimientos naturales, de las peculiaridades de tu estructura física, de las acciones corporales que te proporcionan placer y de tu propia manera de comunicarte con el cuerpo. Pero antes de "entrar en acción" es importante despertar la conciencia física. Tienes que saber lo que está transmitiendo tu cuerpo por sí solo, en su estado "neutro". ¿Qué ven los demás cuando te miran?

Primero, hay que reconocer que tu cuerpo es muy singular, como también lo es tu manera de caminar, bailar, gesticular etc. Y, por muchas veces que te hayas mirado en el espejo, no te habrás visto nunca como los demás te ven. Muchos alumnos se sorprenden al ser imitados por un compañero de clase. No se reconocen. Nunca se han dado cuenta de que mueven más un brazo que otro al caminar, o que tienen una rigidez aguda en el torso, o que debajo de la fachada de chulería se ve claramente su corazón de peluche. Incluso las personas que han entrenado sus cuerpos en otras disciplinas (bailarines, actores, deportistas...) no están necesariamente conscientes de qué información están proyectando desde un escenario. Como ya he dicho, la nariz roja revela quiénes somos en esencia, y estar en un espacio escénico lo magnifica. Entonces, durante un tiempo por lo menos, casi todo el mundo necesita recibir retroalimentaciones para ayudarles a verse tal y como son, e ir asimilando lo que están comunicando corporalmente.

Segundo, hay que centrar tu atención en tus percepciones sensoriales. Naturalmente, tus cinco sentidos estarán hiperdespiertos por la novedad de la experiencia escénica, pero a veces esto puede desembocar en una sensación global de sobrecarga sensorial. Durante un tiempo tendrás que aprender a prestarles atención individualmente. Cualquiera de ellos te puede proporcionar un buen juego físico. El juego más básico es el de "¿Y sí...?". Funciona así:

> *Y si... saco mi lengua y la siento, no el gesto y la connotación, simplemente la sensación de mi lengua gorda, la tensión en su raíz, el aire frío tocando su punta. Y si... la estiro aún más, explorando sus límites, intentando olerla, saborearla, verla. Y si... añado sonido, movimientos laterales. Y si pruebo un movimiento más complicado. Y si... la agarro con mis dedos e intento hablar, etc.*

Y tercero, recuperar tu espontaneidad física, soltarte, jugar creativamente como un niño pequeño, pararte a disfrutar de los detalles, y en el camino ir encontrando tu propio ridículo.

"Un clown es aquella persona que se deja ver y que sabe mirar, que puede abrazar sin tocar."
Elisenda Rué, artista, España

El contenido emocional

Los payasos también se han apropiado de algunas de las pautas expresivas utilizadas habitualmente por niños pequeños en su comunicación emocional. Esto es así porque los niños pequeños son muy honestos con lo que sienten, pero al mismo tiempo, todavía están aprendiendo a expresarse con destreza, así que cuando expresan sus emociones, están jugando a sacar el máximo partido de ellas. Como no están aferrados a lo que están sintiendo, fácilmente pueden ser distraídos o atraídos por otra cosa más interesante. En gran medida, están constantemente comprobando el efecto de su expresión sobre los demás, especialmente en los adultos, y si no tienen la reacción que esperan, aumentarán la energía o el volumen, o simplemente cambiarán de táctica. Todo esto crea situaciones muy cómicas desde la perspectiva de un adulto.

Recuerdo a mi hija a los cuatro años negando noche tras noche que tenía sueño a la hora de dormir. Siempre daba señales muy obvias de estar cansada, empezaba a hablar como un bebé y sus ojos se agrandaban en su cara, como si ella tratara de mantenerlos más abiertos para engañarme. Si yo le decía que la veía cansada, primero se enfadaba y gritaba "¡No, no estoy cansada!", y acto seguido rompía a llorar. ¡Que espectáculo más ridículo montaba para no irse a la cama!

El otro día, en plena calle, oí de lejos a un niño sollozando. Parecía que estaba muy apenado, como si se tratara de algún dolor físico importante. Pero cuando me acerqué para ver si podía ser de ayuda, vi al niño plantado delante de su padre. Estaba haciendo todo este escándalo dramático solo porque quería que su padre ¡le llevara en brazos!

A diferencia de los niños, los payasos utilizan los patrones infantiles de comportamiento emotivo conscientes de su valor cómico, pero adaptándolos al juego escénico. Deciden en qué parte de su espectáculo les conviene estirar o comprimir una reacción emocional. Sus reacciones, por cierto, tienen que ser honestas, y acto seguido ser transformadas en un juego. No se trata de convencer al público de que realmente están enfadados, tristes o enamorados. La fuerza cómica de cualquier estado emocional (especialmente de las emociones etiquetadas como "negativas": el miedo, el enfado, los celos, la tristeza, etc.) reside en el hecho de que para el clown es un gran juego, un juego donde representa estar emocionalmente involucrado, pero igual que un niño, cambia de parecer si no recibe la reacción que espera o si ocurre algo más interesante.

Hay muchas maneras de representar las emociones, en realidad tiene más que ver con el estilo de cada individuo que con una técnica concreta. Pero sí que es conveniente poder expresar todas las emociones y poder jugar con ellas, desde su expresión mínima hasta su expresión máxima, ¡y todo lo que hay entremedio! Es decir... ver las emociones como escalas musicales. Poder subir y bajar el tono con destreza y llevar al público contigo, sin saltos ilógicos o incomprensibles. Cada emoción tiene una razón de ser y un motivo para cambiar. El público tiene que entender qué le pasa al clown, ¿por qué está tan contento?, ¿por qué ahora no lo está?

Dicho esto, debo aclarar que algunas personas encuentran dificultades expresando ciertas emociones. Se sienten más cómodos, por ejemplo, en la alegría que en el enfado, o viceversa. Hay que respetar la base emocional de cada uno, es donde podrá cosechar más risas. La propia naturaleza desempeña también un papel importante en el nivel de expresividad emocional del clown. Un individuo que se expresa habitualmente en un tono suave y sutil, también lo hará en escenario con gran efecto, y puede que nunca le sea necesario exagerar sus emociones para conseguir una risa.

Lo que siempre es necesario en un payaso es ser generoso en el escenario. Tiene que dar mucho de sí, más de lo que se esperaría de una persona normal, compartiendo lo que siente con los demás.

"Dime lo que piensas y es posible que te pueda colocar en una categoría. Dime lo que sientes y llegaré a conocerte."
> John Powell, compositor para música de filmes de comedia (Shrek, Ice Age, Chicken Run, etc.)

El juego de la voz

Los payasos tradicionales crearon estupendos diálogos para acompañar sus entradas, basados en juegos de palabras y chistes con remates sorprendentes. El siguiente diálogo entre un Carablanca y un Augusto me lo explicó Manel Vallès (Totó), que comenzó su carrera de payaso en 1949, la cual ejerció durante 62 años:

Carablanca
¿Tú sabes lo que es la filosofía?

(El Augusto asiente con la cabeza)

¿Y qué sacarías de la filosofía?

Augusto
Pues yo sacaría dos novias, la Filo para ti y la Sofía para mí.

Carablanca
No, hombre, no. Yo te puedo demostrar, a través de la filosofía, que tú no estás aquí.

Augusto
No, yo estoy aquí y no me voy a mover de aquí.

CARABLANCA
Pues yo te voy a demostrar que no estás aquí.

AUGUSTO
¿Ah sí? A ver, a ver.

CARABLANCA
Pero vamos a hacer una apuesta. Yo pongo cinco, tú pones cinco. Si yo te demuestro que tú no estás aquí, gano yo, sino ganas tú.

AUGUSTO
Vale.

CARABLANCA
Empiezo. ¿Tú estás en Madrid?

AUGUSTO
No, señor, yo estoy aquí.

CARABLANCA
Pues, si no estás en Madrid debes de estar en Santander.

AUGUSTO
No, señor, ni en Madrid ni en Santander, yo estoy aquí y no me muevo de aquí.

CARABLANCA
Entonces, tú estás en Sevilla.

AUGUSTO
¡Tú sí que estás en Sant Boi!

(Antes en Sant Boi había un manicomio).

Carablanca
¡Contesta!

Augusto
Claro que no, en Sevilla no estoy.

Carablanca
Por lo tanto, si no estás en Madrid, ni en Santander, ni en Sevilla, esto quiere decir que estás en otra parte.

Augusto
Claro.

Carablanca
Pues, ya has perdido, porque estás en otra parte.

(Y coge el dinero.)
Augusto
¡Anda! Qué listo. Oye, oye, quiero que lo repitamos otra vez y quiero apostar.

Carablanca
¿Ah sí? Vale, aquí tienes cinco.

Augusto
Juego cinco.

(Pero en vez de poner cinco, quita el billete que hay.)

Y me juego otros cinco.

(Pone el billete que había cogido.)

Carablanca
De acuerdo, cinco más. Y también otros cinco.

Augusto
Vale, cinco más.

(Finge poner más dinero, pero en realidad quita todos los billetes que hay.)

Pero ahora quien pregunta soy yo.

Carablanca
Bueno, es igual.

(pensando para sí, "¡qué ingenuo es!".)

Augusto
¿Tú estás en Madrid?

Carablanca
No, no estoy en Madrid.

Augusto
¿Tú estás en Santander?

Carablanca
No, yo estoy aquí, ¿no me ves?

Augusto
¿Estás en Sevilla?

Carablanca
Claro que no, ni en Madrid, ni en Santander, ni en Sevilla.

Augusto
¿Quieres decir que estás en otra parte?

Carablanca
No, yo estoy aquí. Has perdido. El dinero es para mí.

(Busca el dinero.)

¿Y el dinero? ¡Lo has cogido tú!

Augusto
¡Yo no he sido!

Carablanca
¡Has sido tú!

Augusto
¿Cómo puedo ser yo?, ¡si yo estoy en otra parte!

En sus entradas, los payasos tradicionales, además de unos diálogos estupendos emplean una gran variedad de juegos vocales, por ejemplo: tonos de voz ridículos, ritmos y repeticiones, imitaciones sonoras (de animales, ambulancias, barcos, pedos, etc.), onomatopeyas, estiramientos exagerados de sílabas o letras, cargas emotivas desmesuradas y risas o llantos ridículos. Todo este bagaje de recursos sigue teniendo éxito en las pistas de circos modernos y entre los payasos que actualizan la tradición con inspirada sabiduría.

Sin embargo, muchos payasos (tradicionales y contemporáneos) han elegido no usar su voz en el escenario, y obviamente han tenido la ventaja de poder actuar alrededor del mundo sin tener que ser plurilingües. La decisión de hablar o no hablar es completamente personal, dictada por una inclinación natural a comunicar a través del gesto y expresar las ideas a través de imágenes, o, por el contrario, porque se tiene un talento natural para jugar con las palabras y usarlas con gran efecto cómico. Los payasos parlanchines o expertos en conseguir risas con sus chistes verbales encontrarían un *handicap* severo al no poder usar palabras. Así que la elección de prescindir o no de las palabras no debe ser impuesta por una exigencia exterior (por ambiciones de trabajar en el escenario internacional), sino por un instinto interno que ayude y apoye a tu clown a alcanzar su máxima expresión.

Como ya he explicado, llegar a ser un buen payaso depende en gran parte de la habilidad de comunicar con precisión y claridad. Las palabras son, evidentemente, herramientas de primera para esta tarea. Pero incluso el uso de meros sonidos puede añadir capas de entendimiento a cualquier acción escénica. Pueden, por ejemplo: realzar o aclarar una acción, dar más fuerza a un gesto o cambiar su sentido por completo, ser el foco u origen de la comicidad, expresar ampliamente las emociones en todas sus gamas o delatar un pensamiento oculto.

Con tanto jugo expresivo por exprimir del juego vocal, diría sin reservas que merece una extensa exploración inicial. Sin embargo, muchos de mis alumnos principiantes necesitan ser animados a usar su voz en formas lúdicas, extrañas o estúpidas, pues esta ha perdido su capacidad creativa al haber sido desatendida. Sus cuerdas vocales han tenido durante años una única utilidad, la de reproducir palabras.

Incluso en muchas ocasiones no logran sacar las palabras que tienen en la punta de sus lenguas, ya que hay una especie de autocensura generalizada en los adultos de la que cuesta deshacerse.

Sin embargo, he observado en muchísimos casos que desbloquear las cuerdas vocales también libera al clown de su escondite. A la par que salen las tonterías por la boca, un placer imparable brota por los poros.

Esto se debe al increíble poder que ejerce la voz sobre el ser humano. Usar la voz con creatividad, o escuchar a otros haciéndolo, nos abre, nos alegra, nos aligera, nos transporta, nos emociona, nos conecta. Siendo así, vale la pena recuperar tu libertad vocal; es además, algo completamente innato. Nacimos siendo seres orales. De bebés nos hemos pasado largos ratos balbuceando, moviendo la lengua y los labios inmersos en las sensaciones sensuales que nos producían. Y durante años y años hemos continuado el experimento. Crear y jugar con sonidos y palabras es algo totalmente natural en un niño, forma parte de su aprendizaje y dominio de un idioma (entre los tres y los doce años un niño aprende a usar y comprender 79.000 palabras). Pero, más allá de la necesidad de aprender palabras, le interesa más cómo se experimenta sensualmente un sonido y qué efecto tienen sus palabras en los demás. Por regla general, los niños no reprimen su expresión, y en especial la expresión oral.

Por tener un vocabulario muy limitado y una comprensión todavía poco amplia del mundo, los niños son presas de problemas y equivocaciones a la hora de hablar. Pero poco les importa: si no pueden pronunciar algo (ciertas letras como la *r*, la *n* o la *v* necesitan una sutil y complicada coordinación de toda la zona bucal), lo obvian; si no saben la palabra específica, la inventan; si no entienden lo que les dicen, razonan con su propia lógica; si un sonido o palabra les hace gracia, lo repiten sin parar hasta volver locos a los demás. Dejan salir por la boca lo que sea, a su antojo. Cantan con frecuencia, y no necesariamente una canción concreta. Relatar incidencias y anécdotas es algo que les encanta. Igualmente, hablan sin reparos consigo mismos, con objetos reales o con seres imaginarios.

Claramente, volver a la gimnasia vocal y usar de nuevo la voz de manera creativa tiene muchas ventajas cuando inicias la búsqueda de puntos de apoyo para tu clown. En los primeros ejercicios de clown que proponemos a nuestros alumnos, el sonido o la voz cumplen un importante papel, porque muchas veces, a través de su utilización, consiguen sus primeras risas. La voz les permite tender un puente sobre el abismo que sienten entre el escenario y la platea. Si les vemos en dificultades o bloqueados sin saber qué hacer, una parte de nuestros impulsos van dirigidos a sacar provecho de sus cuerdas vocales. Si en lo que nos muestran vemos un posible camino divertido, les pedimos seguirlo con más fuerza. Solo el hecho de suspirar sonoramente en el escenario puede provocar risas. Difícilmente lo puedo explicar, pero así es.

Otros juegos que proponemos son: hablar con la lengua fuera, emitir sonidos extraños, imitar los sonidos de animales, pero en un contexto emocional (un cerdo feliz, un mosquito en celo), imitar cantantes (de diferentes estilos musicales), explorar posibles ritmos (hablar cada vez más rápido o más lento), disminuir o aumentar el volumen, jugar con la manera de decir una palabra, decir la primera cosa que les viene a la cabeza, hablar en un idioma que no conocen, hablar rimando o como si estuvieran recitando una obra clásica.

La mayoría de estos impulsos son fáciles de implementar, pero sentirse un hábil jugador requiere práctica. Personalmente, creo que es más interesante usar sonidos o palabras en su justa medida, sin sobrecargar la acción con un exceso de ruido ni hablar por hablar. Como sucede con la acción física y las reacciones emocionales, todo tiene que tener una razón de ser. Es mejor usar la voz solo cuando aporta algo al juego cómico, y entre tanto dejar espacios para el silencio.

Hay muchas maneras de comenzar la tonificación de tus cuerdas vocales y jugar de nuevo con tu voz. Puedes empezar cantando en la ducha, o mientras cocinas, o acompañando cualquier música grabada. Hay muchos posibles juegos con la voz, puedes tomar como punto de partida cualquiera de las pautas que he mencionado en esta sección, o por supuesto inventar las tuyas propias. A continuación encontrarás juegos de palabras que he jugado en familia. Con todos nos hemos partido de risa, ¡espero que provoquen un efecto similar en ti y en tus amigos!

Con tu familia y amigos puedes:
- Mantener una conversación cantada, siguiendo melodías conocidas o un himno de un equipo de futbol.
- Cambiar las palabras o el contenido emocional en canciones conocidas.
- Inventar nuevas palabras o nombres para los objetos cotidianos.
- Hablar sin una, dos o más consonantes del alfabeto.
- Hablar durante un minuto sobre cualquier tema que alguien propone. Sin pausas, ni vacilaciones y sin perder el hilo del argumento.
- Usar siempre la última palabra de la frase anterior para iniciar una nueva frase. Intenta que se mantenga cierta lógica en todo lo que se dice.
- Conversar en verso o hablar en rimas pareadas.
- Buscar frases de canciones conocidas que empiecen por cada letra del alfabeto de la "A" en adelante.

7
Caer en la tentación

Es todo un clásico la escena en la cual el Carablanca dice al Augusto que, sobre todo, no debe tocar algo, por ejemplo un paquete o un pastel, y luego se va. El payaso, sin la autoridad para mantenerle a raya, inmediatamente se enfrenta a un problema. Sea lo que sea el objeto en cuestión, el mero hecho de tener prohibido tocarlo le produce un enorme deseo de hacerlo. Él sí que ha oído el "no puedes tocarlo", pero no lo toma como un mandamiento inquebrantable. Solo quiere tocarlo una vez ¿qué hay de malo en eso?, además, ¡nadie se va a enterar! Pero está claro que no se va a quedar satisfecho con una breve caricia al objeto, lo va a querer mirar más de cerca, darle la vuelta, olerlo, comerlo... en fin, terminará por romperlo o consumirlo todo. Y cuando vuelva el Carablanca no tendrá más remedio que poner cara de inocente, intentar convencerle de que todo está como estaba, y cuando inevitablemente no lo logre, echará la culpa de todo a cualquier otro antes de irse corriendo hacia la salida.

Caer en la tentación es algo inevitable para los payasos, forma parte de su comportamiento básico. Al ser curiosos e impulsivos, las tentaciones aparecen como por arte de magia. Nunca han sido meros observadores de la vida, y en consecuencia, no son capaces de negarse las oportunidades que surgen para disfrutar. Ellos siguen sus instintos y casi siempre les llevan más allá de "lo permitido". Y por supuesto, al público le gusta que así sea. Los payasos, al caer en las tentaciones de redescubrir y reinventar el mundo, de transgredir las normas y recrearse en las tonterías, nos enseñan que todo es posible, pero que nada tiene demasiada importancia.

Cuanto más te diviertes, más se divierten los demás

Así que… cuando salgas a improvisar ten muy clara tu verdadera meta: ¡La diversión!

La experiencia solo me ha reafirmado este hecho. Como clown tienes que pasártelo en grande. Tienes que dejarte tentar por los deseos que broten en tu corazón, dejar volar tu imaginación, decir lo que piensas, moverte como te dé la gana, estar emocionalmente vivo; en definitiva, ser tal y como eres sin reparar en las posibles consecuencias. Se trata precisamente de caer en la tentación de ser realmente libre, de permitirte ir más lejos de lo que irías normalmente (exagerar más, revelar más, experimentar más), y si haciendo esto te metes en líos, ¡mejor que mejor!

La transgresión

Al tomar la decisión de experimentar con tu clown debes asumir que habrá gente que te mire mal. Sea gente desconocida, conocida, o tu propia familia, en algún momento toparás con alguien que no entienda tu impulso vital. Cuando mandamos a nuestros alumnos a experimentar en la calle (aquí en España) les avisamos que, en general, los que más interés les mostrarán son la gente mayor, los inmigrantes y los niños, pues tienen menos prejuicios y están más abiertos a la comunicación espontánea. Además, les avisamos que recibirán reacciones positivas, pero que también habrá las indiferentes, las negativas y, excepcionalmente, las violentas. La nariz roja en el espacio urbano produce emociones contradictorias, pues es en sí misma un reto a la normalidad, y los que la llevan, por lo tanto, son impredecibles; lo cual causa inquietud en ciertas personas.

Puede parecer que poniéndote una nariz roja estás nadando contra corriente, pero no es así; cada vez tenemos más alumnos de diferentes clases sociales y profesiones: médicos, psicólogos, periodistas, profesores, carpinteros, jardineros, estudiantes, policías, políticos, empresarios, panaderos, bomberos, etc. Concluyo entonces, que se está produciendo un importante cambio en la sociedad occidental, pues cada vez más personas están dispuestas a reírse de sí mismas públicamente.

"No es signo de salud estar bien adaptado a una sociedad enferma."
Jiddu Krishnamurti, filósofo espiritual, India

Es verdad que los payasos son tradicionalmente seres marginales, individuos que no encajan en el perfil de persona productiva que promueve el sistema. Es evidente que viven al margen de los valores consumistas, los deseos depredadores, la fina etiqueta. Ellos, a ojos de la sociedad, no tienen nada: ni dinero, ni poder, ni belleza, ¡ni siquiera neuronas! Son unos pobres desgraciados.

Sin embargo, los payasos asumen este papel sin complejos; tienen una escala de valores muy propia y una perspectiva sobre su realidad teñida de humor. Es precisamente su indeleble sentido del humor ante las desgracias y complicaciones que encuentran lo que pone en cuestión quiénes son los verdaderos desgraciados. ¿No serán los que padecen el estrés, el malhumor y la insatisfacción casi continua? ¿No serán los que pocas veces prestan atención a sus deseos profundos?

"No nos hacemos adultos, nos adulteramos."
Tortell Poltrona, clown, España

El payaso que hay en ti

El payaso es descendiente de los bufones de la Corte, de la *comedia del arte* y de los comediantes ambulantes y teatrales del siglo XVI. Sus raíces, por lo tanto, son las figuras anarquistas e inconformistas de la sociedad, quienes habitualmente se burlaban de la autoridad, cuestionaban la moralidad de su tiempo y criticaban a los gobernantes y sus leyes. Eran transgresores en su manera de actuar, pensar, hablar y sentir, solo porque se permitían todas las libertades; algo que amenazaba directamente el poder de los que querían tener a las masas esclavizadas.

Los clowns contemporáneos siguen la tradición transgrediendo las convenciones teatrales y sociales. Cada clown, obviamente, transgrede en mayor o menor medida; algunos van mucho más lejos que otros, pero todos cruzan en algún momento las líneas invisibles que nos encorsetan. Transgreden por el mero hecho de mostrarse y compartir lo que sienten, por permitirse siempre un margen de improvisación en sus espectáculos, por jugar con temas tabúes (la muerte, el sexo, la violencia…), por ignorar las fronteras establecidas. Transgreden incluso las leyes universales de la lógica y la física, al mostrar como posibles hechos imposibles; brazos o piernas que se estiran dos metros, personas capaces de volar, tormentas de nieve en un teatro, zapatos con boca, pelos que giran como helicópteros, paraguas que producen lluvia, etc.

Cuando te pongas la nariz roja descubrirás que tienes licencia para ser más libre. Libre de acercarte más a las personas, de no aceptar los límites de forma automática, de no interpretar los hechos a simple vista, de no limitarte a saber de segunda mano, de no renunciar a tus propias creencias, de no aceptar un "no" como respuesta, de no decidir de antemano cómo te vas a sentir. Tu clown, milagrosamente, se ha mantenido a salvo del proceso de condicionamiento que nos convierte en adultos responsables. Descubrirás que siendo clown no corres peligro de aburrirte, porque el mundo sigue siendo un gigantesco tablero de juego, con un sinfín de nuevas experiencias todavía por vivir.

La investigación constante

> "No exagero al decir que vivimos en un planeta muy poco conocido; ¡la vida que está aún por explorar!"
> *E.O. Wilson, biólogo, creador del término "biodiversidad"*

Para ayudar a nuestros alumnos a redescubrir las maravillas que les rodean, los mandamos a la calle en pequeños grupos con la siguiente consigna: "Habéis llegado de un planeta distinto al nuestro. No habláis el mismo idioma, no tenéis información alguna sobre cómo son las especies aquí ni cuáles son sus costumbres. Tenéis que salir de vuestra nave y explorar este nuevo mundo. Lo llaman… la Tierra."

Siempre vuelven, después de tan solo media hora, sorprendidos por haber hallado cosas fascinantes:

> *Me quedé mirando el cielo todo el tiempo, me fijé en sus distintos colores, en el movimiento de las nubes. Pensé que podían ser un modo de transporte terrestre. Pasó un ave volando. Me emocionó la belleza de su movimiento e intenté imitarlo.*
>
> *Vi a un anciano sentado en un banco. Como los dos eran inmóviles, asumí que era una sola cosa. Di la vuelta a su alrededor y me fijé que sus ojos me seguían, imité el movimiento de sus ojos y me sonrió. Le copié el gesto intentando entender su sentido. Él se rascó su cara, yo le imité. Poco a poco, él empezó a jugar conmigo. Sabiendo que le iba a imitar, me ofreció gestos cada vez más ridículos.*

> *Estaba mirando con suma atención un insecto en la palma de mi mano cuando una pareja se me acercó. Les había despertado la curiosidad verme tan interesado en aquello.*

Para poder caer de lleno en la tentación, primero algo o alguien tiene que atraer tu atención con suficiente fuerza para que desees investigarlo más a fondo. Este "algo" puede ser cualquier cosa, incluso un objeto mundano, porque cualquier cosa con un simple cambio de perspectiva puede despertar tu fascinación. El interés funciona de la siguiente manera: decides olvidar lo que sabes e inmediatamente desearás explorarlo todo.

> "En el día a día escogemos en cada momento hacia dónde dirigimos la atención, así que, de alguna manera la atención es el auténtico faro que nos guía."
>
> *Susana Martínez-Conde, neuróloga*

En definitiva, entrenarte en redescubrir y reinterpretar el mundo que tienes a tu alrededor te ayudará a la hora de salir a improvisar en ejercicios de clown. Muchos ejercicios ofrecen unas consignas muy abiertas, donde, en realidad, cualquier cosa puede pasar. Sales de detrás del biombo y entras en un escenario vacío, o como mucho, con una silla en el medio, y ¡hala, a jugar! Si en ese momento aparece la eterna pregunta '¿qué hacer?' será que has olvidado dirigir tu atención hacia los detalles. Porque he visto alumnos sacando maravillosos juegos de las cosas más inesperadas, simplemente porque se interesaron lo suficiente en ellas. Las líneas en el suelo, las sombras en la pared, el crujido del *parquet*, el brillo de las luces, el borde del escenario, un radiador en la esquina, una bolita de pelusa, un clavo que sale de la pared, el polvo en el aire; todas ellas, el comienzo de un número hilarante.

"El payaso crea un mundo en un espacio vacío, en vez de entrar en un mundo que ya existe."
Avner The Eccentric, clown, Estados Unidos

Has de recordar que el ser humano se destaca por su deseo de saber más, o sea, que la conducta inquisitiva te es natural. Los niños pequeños lo demuestran sin remordimientos, su curiosidad es incurable y desestiman las teorías. Están abiertos a aprender, desaprender y aprender de nuevo, siempre a través de la práctica, ¡intenta decirles que no deben subir a alturas peligrosas o comer todo lo que encuentran tirado por ahí! Hasta que no caigan escalera abajo o saboreen algo asqueroso, no darán señales de entender tus palabras. Ellos no tienen nociones preconcebidas de las cosas, y por medio de su actitud de asombro ante la vida nos recuerdan que la curiosidad es sinónimo de vitalidad.

"El hombre que es incapaz de maravillarse y sentir el encanto y el asombro está prácticamente muerto."
Albert Einstein, científico

La curiosidad infantil
A continuación expongo los principales ejes de la curiosidad infantil; conocerlos puede ser muy útil cuando sales a improvisar.

a) ¿Qué sentido tiene?
Los niños se enfrentan constantemente a situaciones nuevas; situaciones que pueden ser placenteras aunque, en su gran mayoría, resultan extrañas o compli-

cadas, lo que produce confusión, incertidumbre o tensión. Pero, habituados a no tener un entendimiento instantáneo de lo que encuentran, se disponen a esperar la clarificación; a observar muy de cerca, a experimentar con ello y a absorber la información que se les presenta antes de llegar a conclusiones. Su propósito primordial es conocer cómo funcionan las cosas: ¿Qué sentido tiene una acción, una reacción o una palabra? ¿Por qué ocurre lo que ocurre? ¿Para qué sirven los objetos?

Sus conocimientos todavía están muy reducidos, así que a menudo llegan a conclusiones erróneas. Vidal Pérez, un alumno, me contó estas anécdotas de su infancia:

> Me acuerdo creyendo firmemente que las luces de los semáforos las controlaba mi padre a través del cambio de marchas, porque cada vez que cambiaba a verde él estaba moviendo la palanca. Otro recuerdo que tengo es el de mi madre volviendo a casa varias veces diciendo, "no me han dado el carné". Como yo no sabía que se refería al hecho de haber suspendido nuevamente la prueba para su carné de conducir (¡suspendió 17 veces!), yo pensaba que el carnicero no le quería dar la carne que pedía. Viéndola tan alterada, me parecía extraño que no fuese a otra tienda a comprar carne.

Si los niños no encuentran una explicación racional para los eventos que ocurren, optan por explicarlos a través de la magia. Para ellos, la magia y los seres mágicos están en todas partes.

Otro recuerdo de Vidal:

De pequeño estaba convencido de que los tenistas eran magos. Nunca me fijé en que había chicos que les pasaban las pelotas, y para mí las hacían aparecer de la nada, era alucinante.

b) Preguntar, por preguntar

Cualquiera que ha pasado algún tiempo con niños sabe que son persistentes formuladores de preguntas. Además, muy a menudo, es obvio que saber la respuesta a la pregunta no es su propósito, parece más bien que les proporciona placer el mero hecho de preguntar algo. ¿De dónde salió el primer tenedor? ¿Por qué la gente duerme? ¿Quién inventó el arroz a la cubana? ¿Qué hace que yo crezca?

Con mi hija, durante años fue todo un reto responderle adecuadamente. Raras veces podía hacerlo sin recurrir a una enciclopedia virtual. Preguntaba pregunta tras pregunta, tras pregunta, hasta que le paraba los pies. Al final llegamos a bromear mucho sobre el asunto, y entonces, antes de empezar una sesión de preguntas siempre me preguntaba: "Mamá, ¿puedo preguntar, por preguntar, una pregunta?".

c) ¿Qué pasará si…?

"¿Qué pasará si… pongo agua en mi bolsillo… si tiro mis juguetes por el balcón… si hago una operación de barriga a mi peluche favorito… si aplasto mi comida en la cabeza del abuelo… si pinto los trajes de mi padre?".

Los niños pequeños, desde el momento en que pueden gatear, no paran de explorar activamente su entorno. Cuando algo capta su interés, no dudan en investigarlo, y si encuentran en ello un juego entretenido, mejor que mejor. Pueden pasar diez o quince minutos con unos cacharros de cocina descubriendo causa y efecto, masa y peso, calor y frío, tacto y musicalidad. Por supuesto, así adquieren conocimientos, pero también ¡crean unos líos impresionantes!

La lían de mil maneras: enredándose en su propia ropa al querer ponérsela al revés, subiéndose a las alturas para luego darse cuenta de que no saben bajar, tirando del mantel al querer usarlo como manta para su muñeca, vaciando la botella de champú en la bañera para ver lo que hay en su fondo, cortándose una mecha grande de pelo para averiguar si duele.

Son unos pequeños científicos haciendo experimentos sin cesar. Descubrir algo nuevo les encanta, y más aún cuando pueden compartirlo con alguien. Retienen en la memoria sus hallazgos e intentan aplicarlos en situaciones que parecen similares, huelga decir que se equivocan a menudo y simplemente ¡la lían otra vez!

Las tonterías

Cuando mi hija tenía diez años escribí lo siguiente en mi diario:

Amara todavía se distrae en medio de alguna actividad rutinaria con la misma facilidad que una niña pequeña. Ahora, sin embargo, es diferente. Antes era el juego lo que le cautivaba, ahora es su mundo de fantasía. Es su cerebro el que pierde la concentración sobre la responsabilidad (lavarse los dientes, vestirse, poner la mesa etc.) y lo hace con sorprendente destreza. Me imagino que es aburrido para ella tener que hacer cosas que no tiene ningún interés en hacer, así que su mente busca prados más verdes. De repente, pierde toda noción de la tarea a realizar, sus ojos se pierden en un horizonte imaginario y su cuerpo entra en él.

Cuando la encuentro bailando desnuda en el salón en plan Britney Spears, pero todavía goteando después del baño, o recortando revistas a trozos cada vez más ínfimos con un cortaúñas, aborrezco decirle que pare de hacer tonterías como si fuera algo malo en sí o malo para ella. Así que en vez de eso, utilizo una imagen sacada de un poema maravilloso de Michael Rosen, un poeta inglés. El título del poema, "Bathroom Dillydallying", podría traducirse como "Boberías en el cuarto de baño", aunque la palabra "dilly-dally" tiene un significado muy amplio: perder el tiempo, entretenerse con una idea, tomar a la ligera las cosas, reírse o burlarse de algo, juguetear, vacilar, flirtear, remolonear...

El poema describe, desde la perspectiva de un niño, las aventuras vividas con la pasta de dientes, el talco y el jabón en su cuarto de baño. Al final del poema, el niño se pierde en la experiencia de chupar una esponja, y el sonido y la fonética de la palabra "esponja" empiezan a rebotar en las paredes de su cerebro, expandiéndose hasta ocuparlo por completo.

Así que ahora, cuando Amara sale volando por la ventana con Peter Pan, yo le recuerdo que el tiempo es un factor con el que hay que reconciliarse, especialmente al final del día. Le digo con ternura, "Amara, estás chupando la esponja de nuevo". Ella me sonríe, de retorno al mundo de los grandes. De esta manera podemos disfrutar de su fantasía reconociéndola como un comporta-

> *miento normal en la infancia, comportamiento que, por otro lado, es necesario para ejercer cualquier arte.*

Los payasos hacen y dicen tonterías, sus espectáculos están repletos de ellas. Maravillosas tonterías que a veces rozan la genialidad y a veces son una sublime estupidez. Sí, hacer una tontería es hacer algo estúpido, como pretender hacer Hamlet sin ni siquiera conocer la obra, o hacer magia y revelar el truco. Es estúpido que alguien te diga "Ven aquí", y tú te acerques para preguntar "¿Aquí? ¿Ahora?", y cuando el otro asienta, le digas "Vale, ahora vengo", y te vayas para regresar de nuevo tres segundos después. Estúpido también es poner un grifo de plástico en tu frente, y cuando finges abrirlo, que salga un chorro de agua por tu boca. Estúpido es ponerse ropa tan apretada que cuando te agaches se rompa por las costuras. Estúpido es subirte a una silla para luego darte cuenta de que tienes miedo a las alturas. Sí, los payasos hacen y dicen cosas estúpidas, pero con suma sabiduría.

Tienen cuatro buenas razones para recrearse en las tonterías:

> 1. "La tontería es infinitamente más fascinante que la inteligencia. La inteligencia tiene un límite, la tontería no."
> *Claude Chabrol, director de cine*

> La presión de ser o parecer inteligente es constante en nuestra sociedad, pero limita inmensamente a la hora de crear. Con el afán de ser inteligente, de encontrar esa idea que te haga quedar bien ante los demás, pasarás por alto muchas buenas ideas cómicas. Perderás muchas oportunidades de caer en la tentación por estar en tu cabeza más que en tus sentidos.

Ser payaso significa renunciar a la presión de ser inteligente, pero no a la inteligencia en sí. El payaso puede parecer un idiota, pero el que le da vida no lo es. El hecho de no pretender ser inteligente es extremadamente liberador, abre paso a una creatividad totalmente espontánea, que por supuesto, resulta ser muy placentera.

2. "Solo dos cosas son infinitas, el universo y la estupidez humana. Y no estoy seguro de la primera."
Albert Einstein, científico

Como he dicho anteriormente, el arte del payaso consiste en poner la naturaleza del ser humano bajo una lupa cómica. Pero incluso sin esa lupa resulta bastante obvio que los seres humanos cometen estupideces con frecuencia. Somos la especie más inteligente de nuestro planeta y nuestra evolución ha sido espectacular. En poco menos de cuatro millones de años nos hemos adueñado del planeta; hemos levantado civilizaciones, erradicado amenazas, inventado un sinfín de objetos para facilitar nuestra existencia; hemos creado una herencia cultural, explorado el espacio, dominado la naturaleza, etc. Pero, aun así, nunca hemos dejado de ser estúpidos.

Se podría argumentar que pasamos la mayor parte de nuestra vida haciendo tonterías sin ser plenamente conscientes de ello. De jóvenes queremos ser mayores; de mayores, jóvenes. Negamos la existencia de la muerte corriendo hacia ella. Buscamos la felicidad en artilugios desechables, queremos tener la razón incluso cuando no la tenemos, nos enamoramos y poco después odiamos a esa misma persona a muerte, fingimos mantener intacta nuestra dignidad cuando está claro que la hemos perdido. Y la prueba más concluyente: la firme creencia en nuestra superioridad.

En este universo infinito, nuestra ínfima galaxia, la Vía Láctea, está compuesta tan solo por entre 100.000.000.000 y 200.000.000.000 estrellas, mientras que las que son realmente grandes abarcan un billón de astros. Además, nuestro particular Sistema Solar se encuentra a 30.000 años luz del centro de la Vía Láctea. La Tierra ni siquiera es el astro más importante del Sistema Solar, es más de un millón de veces menor que el Sol. Visto desde esta perspectiva, tú y yo no somos gran cosa. Pensar que nuestra inteligencia es suprema es realmente una monumental estupidez.

3. "La mayoría de los investigadores estaría de acuerdo en que el humor involucra una idea, imagen, texto o evento que es en algún sentido incongruente, raro, inusual, sorprendente o fuera de lo normal. Además, tiene que haber algún aspecto que nos hace evaluar el estímulo como no serio o sin importancia, colocándonos en un estado mental lúdico, por lo menos momentáneamente".
Rod A. Martin, de su libro The Psychology of Humor, an Integrative Approach (La psicología del humor, un enfoque integrador)

El libro *La psicología del humor, un enfoque integrador* tiene cuarenta y ocho páginas en el apartado de referencias. Dudo que, desde 1950, haya un estudio empírico sobre cualquier aspecto del humor que haya pasado por alto. Con esto quiero decir que dicho académico habla con conocimiento de causa.

Podríamos decir que los estímulos esenciales para provocar la risa son: la incongruencia, lo inesperado y el juego. Hacer algo normal o corriente no resulta divertido. Tiene que existir un elemento que predispone mentalmente al espectador a ser partícipe del juego, que entienda de inmediato que aquello que está viendo o escuchando no va en serio. A la vez tiene que percibir una incongruencia; que algo no es como debe ser, que existe una contradicción o que no se está siguiendo una lógica habitual. Y finalmente, tiene que ser sorprendido, no con una novedad cualquiera, sino con una que nazca de lo ocurrido, una novedad que tenga alguna conexión con lo anterior. Si no existe esta conexión, en vez de reír, se quedará perplejo. ¿Qué mejor manera de reunir estos tres requisitos que recrearse en una tontería?

4. "Es la fantasía la que pone los cimientos de nuestra capacidad de crear, de imaginar, de pensar y proyectar, de librarnos de la simple y plana percepción de lo que está presente para ir más allá de lo evidente y lo inmediato, capacidad sin la que los humanos no seríamos lo que somos."
Luciano Montero, de su libro La aventura de crecer.

Si las tonterías que nos surgen espontáneamente estimulan la creatividad, el humor y a la vez nos liberan de estorbos intelectuales, naturalmente también nos incitan a caer en la tentación de fantasear. Las tonterías, al no tener una meta concreta, nos permiten volar con la imaginación y crear situaciones en escena que no atiendan a una realidad estrictamente conocida.

Es lógico que el payaso, siendo un artista escénico, tenga una realidad teatral, o sea que su único límite creativo es la escenificación de sus ideas. Tanto en el teatro como en el circo pueden y deben ocurrir cosas fantásticas, pues son mundos ilusorios, llenos de personajes ficticios, donde durante un breve espacio de tiempo se representa una realidad alternativa. Los payasos, aunque hoy en día actúan por doquier, se criaron en esos hogares fantasiosos, donde nada era lo que parecía. Es de esperar, entonces, que su imaginación se volviera muy activa; que sus actuaciones se llenaran de atrezos ingeniosos, vestuarios asombrosos y maquillajes exagerados.

¿Cómo sería la vida sin las tonterías? A lo largo de la historia, las ocurrencias más ridiculizadas (como que la Tierra es redonda y gira alrededor del Sol, o que volar es posible) fueron en realidad ideas iluminadas. Leonardo da Vinci, considerado el mayor genio polifacético de todos los tiempos, dijo hace más de quinientos años: "Nuestras mayores tonterías pueden ser muy sabias". ¡Ha llegado la hora de reivindicar su valor!

El sentido del humor

Por último, pero no por ello menos importante, hay que caer en la tentación de la manera más divertida posible, tienes que dejar aflorar tu sentido del humor. Prácticamente todo el mundo coincide en que tener sentido del humor es algo deseable, incluso valioso, pero ¿cuál es nuestra definición del sentido del humor? ¿Todos tenemos la misma?

Para averiguarlo entrevisté a un grupo de alumnos, y, como era de suponer, sus respuestas a la pregunta "¿Qué es el sentido del humor?" fueron muy variadas:

Es primero saber reírte de ti misma, de tu cuerpo, de las cosas que te pasan, etc., y luego reír de los demás.

Es no tener prejuicios, ser auténtico y tener una filosofía de aceptación hacia la vida.

Es poder distanciarse un poco de la realidad para verla con ojos distintos. El sentido del humor sirve para poder salir un momento de una situación y darte cuenta de lo absurdo o lo divertido que hay en ella, y eso es muy sano.

Es la capacidad de ver el doble sentido de las frases y una válvula de escape cuando interactúas con el otro. Me ha salvado de situaciones muy embarazosas y lo agradezco.

Estas respuestas indican que el sentido del humor es algo muy personal, es decir, que es algo relativo y subjetivo. Las cuatro opiniones nos sugieren que el sentido del humor puede significar: una gran capacidad para reír, una mentalidad abierta y positiva, una herramienta que cambia la realidad, una ayuda para superar la adversidad, un ejercicio cognitivo que promueve la salud, una forma de mostrar inteligencia, un mecanismo para aliviar la tensión, un habilidad social y un arma de autodefensa. Yo añadiría a esta lista: una emoción relacionada con el júbilo y, cómo no, la capacidad de provocar la risa en otros.

Los payasos están en el negocio del humor. Para muchos, un payaso es simplemente "alguien que hace reír". A mi parecer, es imprescindible satisfacer esta expectativa generalizada, aunque hay payasos (especialmente los de la escuela rusa) que no lo viven como requisito imprescindible. Hacer reír, estimular el sentido del humor de los demás no es fácil, pero tampoco es misión imposible. A lo largo de este libro explico el ABC de la técnica utilizada por los payasos para conseguir esta meta: la autenticidad, el fracaso, las tonterías, el juego, la exageración, la sorpresa, etc. Individualmente son herramientas cómicas muy eficaces, y en conjunto ¡una bomba! Obviamente, hay que personalizar e integrar cada uno de estos preceptos y hacerlos funcionar para ti. Tu interpretación de la técnica dependerá en gran parte de tu sentido del humor, de cómo lo utilizas y lo expresas habitualmente.

Identifico inmediatamente a los alumnos que tienen práctica en hacer reír. Su gracia siempre parece natural, no forzada, pero no son necesariamente personas extrovertidas. Manifiestan con soltura su sentido del humor en el escenario, conscientes del gran recurso natural del que disponen, lo cual les proporciona una confianza exquisita. Saben que pueden contar con ese recurso para sacarles de cualquier apuro, y entonces se arriesgan más y disfrutan más.

En nuestros primeros talleres en Perú, en 2009, tuvimos el placer de trabajar con dos grupos repletos de alumnos como estos. Franco Cabrera era uno de ellos. Nunca hacía nada tal y como lo esperábamos, y siempre encontraba la manera de darle una vuelta más a la tuerca cómica cuando era preciso. Franco, comenzando una improvisación desde la pared del fondo, anunció en voz alta:

> *Voy a girar 180º al norte, posicionándome perpendicularmente a mi público. Voy a abrir mis ojos al máximo y luego voy a dirigirme hacia mi compañera con un poco de música negra en mi cabeza.*

Con la primera frase ya nos tenía riendo, por lo escrupuloso que era y como le funcionaba el cerebro. Seguimos riendo anticipándonos a la acción, deseosos de ver cómo ejecutaría su proclama. El estímulo visual que nos ofreció no nos defraudó. Era alto y delgado, y sus movimientos, ondulados y creídos, ridículos. Sacaba jugo cómico de todo lo que hacía y decía, tanto era así, que pudo repetir las veces que quiso una frase o acción, y provocar un nuevo cosquilleo en nosotros.

Si eres como Franco, solo tendrás que dejarte fluir y encontrarás "el qué". Pero si no, no te preocupes, pues en general el talento cómico, aunque en ocasiones oculto, permanece latente en casi todos nosotros. El sentido del humor es algo que se cultiva día a día.

En un principio es importante reconocer que te gusta hacer reír a los demás (sean de tu círculo íntimo o no) y que eres capaz de hacerlo (¡"los demás" pueden ser una sola persona!). Personalmente, disfruto de forma distinta cuando me hacen reír que cuando soy yo la que está provocando las risas. Me place crear risas. Y en mi experiencia como docente, no existe persona que no sienta ese gustazo, abierta o secretamente, de ser protagonista y provocador de la felicidad.

Existen dos formas de crear humor: la intencionada y la no intencionada. Chistes, gags, anécdotas graciosas, juegos de palabras, ironía y bromas caen en la primera categoría. En la segunda, ocurrencias espontáneas (tanto físicas como lingüísticas), maneras de ser peculiares o excéntricas, accidentes y metidos de pata leves. La mayor parte del humor que se experimenta en el día a día pertenece a esta segunda categoría, ocurre sin premeditación, en el transcurso de las relaciones sociales. Y en esas circunstancias, uno no suele ser consciente de estar practicando el arte de ser gracioso, a menos que las risas ajenas, o las propias, lo evidencien.

Los que se dedican a ser payasos, no obstante, son muy conscientes de este tipo de humor, ni siquiera los pequeños detalles les pasan desapercibidos. En ellos encuentran su mayor fuente de inspiración. Todos los clowns profesionales con quienes he hablado observan con entusiasmo la comicidad en su propia vida y comparten de buena gana anécdotas personales, sean de gracias o desgracias.

Paloma Reyes, clown brasileña, me lo explicó de la siguiente manera:

> *Siempre busco morirme de la risa con cositas, practico mi sentido del humor a diario. Y sí, tengo conciencia en el escenario de qué recursos tengo para hacer reír, y estos recursos los tomo de mi vida. Y los utilizo, porque lo que pasa con mi payasa en el escenario también me pasa a mí en la vida. Veo siempre el ridículo que hay en todo, el humor me rescata cuando toco fondo. Me veo desde fuera y pienso, '¡Ah, esto puede ser muy gracioso!' Puede ser que me esté pasando una cosa fuertísima, pero con muy poquito esfuerzo, usando la mirada de mi payasa, veo su otro lado, su lado divertido.*

Así que no tienes que tener un magnífico discurso humorístico, ni conocer un montón de buenos chistes, ni saber ofrecer un buen remate para ser un clown (aunque tener estos recursos seguramente te serán útiles). Pero sí tendrás que empezar a registrar conscientemente el humor que te rodea.

"Solo hay que mirar a nuestro alrededor para encontrar el humor por todos lados"

Mr. Di, clown, España

Para ayudarte en la tarea, te recuerdo algunas reglas que ya he mencionado en este capítulo:
- Estate atento.
- Reconoce tu ridiculez.
- Usa tu inteligencia; incluyendo la emocional, corporal e interpersonal.
- Busca la parte divertida, irónica, absurda, incoherente, ridícula o estúpida de los acontecimientos.
- Comparte tus descubrimientos con los demás.

Cada uno tiene su propio sentido de lo divertido, su propia visión cómica, y es importante empezar por ahí. ¿Qué te divierte? ¿Cómo haces reír a los demás? ¿Cuándo ocurre y con quién? A medida que vayas ampliando esa visión serás capaz de percibir otras capas de la realidad, cada vez con más facilidad y destreza cómica. Porque, en el fondo, lo que nos divierte a todos por igual es el reconocimiento de la imperfección humana. Somos como somos, en esto reside la comedia universal, la comedia del payaso.

Mario Queen grita:
—¿Queréis verlo?
Y su público grita:
—¡Sí!
—¡Más fuerte! ¿Queréis verlo? —les anima.
—¡Sí! —vuelven a gritar, ya con entusiasmo.
—¿Por qué?
—¡Sí! —gritan por inercia.
Mario Queen se queda inmóvil, "¿Porque sí? Ja, siempre pregunto ¿por qué? y normalmente no me pueden responder. En Alemania pregunto, ¿por qué?, silencio. En Francia pregunto ¿por qué?, también silencio. Pero en España pregunto, ¿por qué?, y vosotros respondéis, ¡porque sí! Interesante..."

8
El rincón de los fracasados

Lo que todo el mundo sabe es que un payaso hace reír con juegos tontos y desafíos imaginarios, pero es menos sabido que un clown se encuentra con el fracaso y se enfrenta a él constantemente. Es más, ¡lo ha de hacer delante de su público! Una persona normal y corriente se hundiría ante semejante reto y no tardaría en buscar un pozo bien hondo donde tirarse. En cambio, para el payaso el fracaso es muy provechoso y, de hecho, garantiza su éxito profesional.

Cuanto más hemos trabajado con el fracaso del clown en nuestros cursos, más hemos asegurado el éxito de nuestros alumnos en su búsqueda del clown propio. Impidiendo el logro de lo que les pedimos, dando incentivos para que fracasen e insistiendo en que no tienen que competir ni defenderse, hemos conseguido resultados inesperados. Trabajar el fracaso se ha convertido en un tema tan imprescindible como fundamental de nuestra pedagogía, no solo por su importancia para el clown, sino también, para el ser humano que le da vida.

Entre la espada y la pared
En los cursos de iniciación que impartimos siempre incluimos entre los primeros juegos el de la espada. Se trata de un juego muy sencillo; su objetivo es que los alumnos empiecen a asumir el fracaso en público. Les hacemos formar un círculo y les

explicamos que el juego consiste en saltar, agacharse o moverse hacia atrás para evitar ser asesinados por Alex, que esgrime a su antojo una espada imaginaria. Si se equivocan, por ejemplo agachándose cuando debían saltar, o reaccionando demasiado lentamente para evitar el golpe mortal, tienen que morir a lo grande, cayendo hacia delante en medio del círculo. Los que quedan de pie les aplauden y elogian en voz alta agradeciéndoles la honestidad de reconocer su fracaso.

Muy a menudo la primera vez que proponemos este juego los participantes se muestran muy reacios a reconocer que se han equivocado. Tal vez una sola persona caiga al suelo y generalmente lo hace debido a nuestra insistencia, porque le hemos visto equivocarse.

Dos días más tarde repetimos el juego ¡y parece un campo de batalla! A lo sumo suele quedar una persona de pie, porque, conscientes ya de que es mucho más divertido morir espectacular y melodramáticamente, y recibir aplausos, que quedarse de pie aplaudiendo, incluso los que no se han equivocado se dejan caer con entusiasmo. ¿Cómo conseguimos esto? Trabajando la vulnerabilidad.

El instante mágico

El trabajo de la vulnerabilidad lo anunciamos diciendo: "Ahora vamos a poneros en situaciones donde será imposible cumplir lo que os pediremos". Lo advertimos para que entiendan claramente que les vamos a hacer fracasar y para que no vivan como afrenta personal las instrucciones o impulsos que les daremos. Es al clown al que queremos ver fracasar, no a la persona.

Para ello, les proponemos un ejercicio consistente en representar un cuento infantil, y deliberadamente les damos un tiempo demasiado breve para hacerlo. Salen en dúos, pero aun así representar *Los tres cerditos*, por ejemplo, es todo un reto. La mayoría todavía tiene insertado el chip de "hacer las cosas bien" y, por ende, quieren evitar un fiasco escénico. Intentan pues acordar algo antes de salir, pese a que esto signifique perder un tiempo valioso. Todavía no han entendido que adjudicar los roles de antemano hará imposible ciertos momentos clownescos deliciosos, como ocurre cuando dos clowns salen a la vez haciendo el rol de lobo y se pasan el resto del tiempo disputándose ese papel, o cuando uno de los clowns desempeña todos los roles, mientras el otro intenta sin éxito encontrar un hueco dónde lucirse.

Las parejas se lanzan más bien a la representación y olvidan por completo al público y las risas, empeñadas en dirigirse contra viento y marea hacia el feliz desenlace. ¡Si supieran que entre los cientos de clowns que han pasado por este ejercicio solo una vez llegaron al final del cuento, quizá se relajarían un poco! Naturalmente, les explicamos que nadie, de los cinco años de edad en adelante, quiere ver una simple, fiel y aburrida representación de *La bella durmiente*. Queremos que al príncipe le den asco los besos, que el espejo se olvide de su texto o proclame a la malvada la más guapa de todas, que los enanitos no dejen de cantar "¡Ai ho!", incluso cuando Blancanieves muere. En suma, queremos una vuelta de tuerca. ¡Pero de oír nuestras palabras a entenderlas hay un buen trecho!

Al final del tiempo asignado hacemos sonar un silbato con la intención de que su ruido estridente les corte la actuación en seco, como en los deportes. Hacemos esto porque cuando lo escuchan ocurre algo maravilloso. Por un instante, caen todas sus máscaras y desaparece la tensión de tener que cumplir. Frágiles, sin excusas ni defensas, se rinden con una larga exhalación, sus caras dibujan un poema sobre el fracaso humano. Ese encaje honesto por parte de los clowns siempre hace reír al público y es, además, un instante mágico en el que se ve reflejado.

Lo normal es que, pasado ese instante, reaparezcan las defensas de los alumnos que están en escena. Restan importancia al asunto y dejan de sentirse vulnerables. Saben que la próxima acción que tienen que hacer es mirarnos y mostrarnos lo que sienten sobre lo que han hecho, pero ya les resulta difícil. Ya no sienten tan intensamente, pero por lo menos todos han participado en ese instante mágico de la vulnerabilidad, y constatan que esta puede no solo hacer reír, sino también dilatar corazones.

El derecho a mostrarnos vulnerables

Evidentemente, todos tenemos una resistencia inherente a reconocer nuestros fallos, porque en la infancia los hemos vivido como una verdadera tragedia. ¡"Van a reírse de mí!" no suena muy divertido cuando tienes seis años. Sin embargo, he comprobado que incluso los niños pueden admitir abiertamente y con buen humor que se han equivocado, si no hay nadie que les culpabilice o castigue —es puramente una cuestión de educación—. Mi hija Amara, con seis años, lo exponía de esta manera: "Mira… todo el mundo se equivoca, ¿vale? Quien tiene boca se equivoca y quien tiene culo, caga."

Tanto en nuestros cursos como en el mundo del clown se invierten todas las normas. De repente, los alumnos se encuentran en un lugar donde tienen que fallar y donde deben regocijarse en sus fallos. La estupidez y la ridiculez se convierten en dones merecedores del más alto reconocimiento. "Eres muy estúpido" es un elogio, y "¡qué desastre!", un cumplido. En poco tiempo veo a nuestros alumnos relajándose, bajando sus defensas y entrando con gozo en el juego. Si al ser humano le quitas la presión de competir o cumplir, se expresará con mayor libertad.

Nadie es todo lo perfecto que desearía. Sin embargo, en nuestra sociedad altamente competitiva es cada vez más difícil admitir que las cosas no nos van tan bien como parecen. Tenemos la obligación de fingir que somos perfectos y mostrarnos, por lo menos públicamente, capaces de lidiar con todas las adversidades. ¡Qué gran esfuerzo supone encubrir la verdad! Porque prácticamente cada día uno es capaz de perder el norte o las llaves, no llegar a tiempo o no estar a la altura, romper algo o con alguien, no saber cómo o lo suficiente, hacerse daño, olvidar algo importante, meter la pata. Vaya, ser imperfecto.

En las últimas décadas, la idea de que el fracaso no debe hundirnos se ha ido instalando cada vez más. En algunos círculos de la sociedad se viene promoviendo la aceptación del error personal como paso previo al aprendizaje: "¿Qué puedo aprender de esta situación?". En el mundo del crecimiento personal también he oído mucho la frase "Todo es perfecto". Hay quienes aseguran que quedarse en lo "negativo" no es sano; que se debe buscar directamente el lado positivo de las cosas.

Personalmente, no estoy en contra de positivar las dificultades ni de sufrir menos, ni de transformar hechos dolorosos en aprendizajes. Creo firmemente que para el alma todo lo que ocurre es perfecto. Pero si evitamos a toda costa sentir lo que realmente sentimos en los momentos difíciles, estamos soslayando el encuentro con nuestra vulnerabilidad. Pasar por alto sistemáticamente este encuentro tiene efectos secundarios muy graves; de hecho, está provocando catástrofes a escala planetaria. Y seguimos con la cabeza bajo tierra. Solo cuando nos toca de cerca la muerte sentimos de lleno lo tremendamente vulnerable que es nuestra existencia.

El clown, sin embargo, acepta el hecho de no ser ni el más fuerte, ni el más guapo, ni el más importante, ni el mejor en nada. Reconoce su imperfección, sus errores, su vulnerabilidad, y juega con ellos. El clown siente el momento del fallo, vive el fracaso con libertad y creatividad *antes* de encontrar la manera de seguir adelante. Y sí, siempre remonta y sigue adelante con actitud positiva, ¡hasta el siguiente tropezón!

El ejemplo de Pamela

Pamela era una clown con una fuerza vital explosiva. Tenía una gran soltura en escena, debido a un fino y arrollador sentido del humor; tanto era así que a menudo le resultaba imposible controlarlo. Era una bomba en el escenario, nunca sabíamos cuál sería su próxima locura, pero no dudábamos de que nos iba a divertir. En los primeros ejercicios, cuando salía a improvisar a solas, dejaba maravillados a sus compañeros de clase. Sencillamente, la admiraban.

Parecía estar completamente confiada, no tenía reparos en mostrar todo de sí, pero yo veía unas claras señales de que había algo sin resolver. Tanto era su afán de seguir su propia locura que a veces se encontraba yendo demasiado lejos; ofendía o hería a sus compañeros clowns, y cedía el foco de atención a regañadientes (y solo ante nuestra insistencia), para acapararlo de nuevo en el instante en que sentía que la energía bajaba medio grado. Incluso su actitud con el público dejaba de gustar por momentos, la sensación era que le daba absolutamente igual nuestra reacción. Mi impresión de ella era la de una surfista de alta competición: su ambición era subirse a la cresta de una ola cómica, y mantenerse allí a toda costa, sin importarle para nada las consecuencias.

Pamela era incapaz de tomar una pausa o estar quieta porque, según admitía, le daba pánico. Su dificultad era mostrarse indefensa, desarmada, vulnerable. Así que le propuse trabajar solamente en eso: en tomarse un respiro, en buscar la comodidad en el vacío. Como era de esperar, estaba dispuesta a probarlo, pero seguía sintiéndose horrible cada vez que se permitía mostrarnos su ternura. Nosotros, en cambio, la veíamos bellísima sumergida en ella. Pamela, en el escenario, luchaba creativamente con su miedo. Una de sus improvisaciones se desarrolló así:

Empieza su actuación sacando solamente los dedos de sus manos entre los dos biombos que forman el telón de fondo, y separando los biombos unos centímetros, empuja sus labios entre ellos.

—¡No voy a hacer nada de nada! —*exclama su boca en primer plano.*

Toma una pausa y empiezan las primeras risas.

—No, de verdad, no esperéis nada, porque no voy a hacer nada.

Otra pausa, más risas. Desaparece la boca y aparece un ojo que nos mira intensamente. Sale un dedo índice que empieza a gesticular:

—No, yo de aquí, no me muevo.

Más risas. Saca su cara entera:

—Esto es lo que hay… De hecho, ya estoy haciendo demasiado. Menos, ¡tengo que hacer menos!

Cierra el hueco entre los biombos apretando su cara al máximo. La imagen es tan completamente ridícula que reímos de nuevo.

—Menos, tengo que hacer menos —*repite su boca torcida, apretada de manera contundente entre los biombos*—. Solamente tengo que enseñar la boca.

Retira la parte superior de su cabeza lentamente, pero su nariz de payasa queda atrapada entre los biombos.

—¡Oh! —*entona con una vocecita*— ¡Que alguien me ayude!

Reímos, pero nadie se levanta.

Pausa. Sus manos, que están aguantando los biombos, empiezan poco a poco a deslizarse, con la clara intención de liberar la nariz. Juega el problema sin llegar a resolverlo.

—Bueno, ahora sí voy a hacer algo… ¡me voy! —*exclama*

con determinación. Y arrastrando los biombos, todavía firmemente apretados contra su nariz roja, sale del escenario entre aplausos.

En otra improvisación trabajó con una amiga de confianza, a quien había pedido de antemano que le ayudara a tomar pausas. Decidieron que la situación ideal sería una *clase de etiqueta*, con su amiga en el papel de instructora ofreciéndole consejos y órdenes sobre cómo y cuándo hablar, cómo y cuándo moverse, y por supuesto cuidando de no ofender nunca a nadie. La improvisación resultó magnífica. Pamela experimentó el placer de no tener ni el control ni la responsabilidad del desarrollo del número. En el rol del menor podía jugar, crear problemas y ser todo lo entusiasta que quisiera, pero con pausas señalizadas por su amiga, quien la mandaba calmarse o callarse con suavidad impecable.

Estas y otras improvisaciones sin duda le ayudaban a sentirse más cómoda sin sus recursos habituales, pero todavía no se había mostrado vulnerable en ninguna de ellas. Ocurrió finalmente con un ejercicio que llamamos "El *deber* versus el *placer*". En este ejercicio pedimos que el alumno cruce el escenario con cierta urgencia, porque tiene una cita importante con "el deber", pero a medio camino ve una manzana sobre una silla, "el placer" llamándole. La consigna es jugar este gran dilema, entre "el deber" (y todo lo que siente hacia él) y "el placer" (que es infinitamente más atractivo), hasta encontrar una resolución y terminar la improvisación.

En el caso de Pamela, Alex le dio como deber el primer día en un nuevo trabajo. Insistió en que era imprescindible para ella trabajar, porque necesitaba dinero urgentemente, ya que no quedaba comida en su casa y su hijo de cuatro años estaba hambriento (situaciones tan extremas son necesarias, sino el clown iría directamente a comer la manzana). Mientras Pamela escuchaba las palabras de Alex, su expresión era la de alguien que conocía muy bien cómo era ser una madre con problemas económicos. Alex había tocado de lleno su fibra sensible, y esta vez no tenía escapatoria.

Empezó la improvisación de buena gana, acertando como siempre en sus comentarios y acciones, haciéndonos estallar de la risa ante su dilema. Después, se entregó completamente al placer, y le dio un amplio mordisco a la manzana. Justo en ese momento, Alex le hizo una llamada telefónica imaginaria para recordarle su deber, "Mamá, tengo hambre", le dijo imitando la voz de un niño. Estas palabras la cogieron totalmente desprevenida. Durante un largo momento no sabía qué decir ni cómo reaccionar. Estaba completamente inmersa en una pura emoción de impotencia.

Aquel momento hizo ensanchar nuestros corazones, nos había dejado sentirla y quererla. Y, cuando se sentó de nuevo entre sus compañeros, ella misma reconocía haber experimentado algo valioso. Reconocía que había encontrado lo que buscaba, y resultó ser mucho menos terrorífico de lo que se había imaginado.

Ahora solo tenía que hacer un último salto, convertir su sensación de impotencia en arma escénica, jugarla y disfrutarla. Y así lo hizo. En su siguiente improvisación le dimos la oportunidad perfecta. El ejercicio 9, "El objeto del deseo" (explicado en el capítulo 12), fue ideal: una clown ve una peluca rosa y la desea a muerte, porque la convertirá en una 'Superestrella disco', pero... por unas estúpidas líneas en el suelo que la autoridad dice que no puede cruzar, no puede alcanzar ni la peluca ni sus sueños. ¡Impotencia extrema!

Pamela vivió la situación como si llevara toda la vida expresando la impotencia a través del juego, con una actitud de "pobre de mí" que sus caras y susurros evidenciaban como una estrategia para conmovernos. Entre intentos infructuosos y episodios de frustración por conseguir la peluca, pidió ayuda haciendo morritos con sus labios "temblorosos", y con un hilo de voz dijo: "No puedo yo solita, no soy capaaaz, necesito ayuuuda, por favooor, por favooor, os lo ruego, ayudaaarme". Parecía un cachorro perdido. Era tan estúpidamente patética que, a la vez que nos movía en el alma el deseo de ayudarla, ni se nos pasaba por la cabeza prestarle socorro, porque eso hubiera significado el final de su estupenda actuación.

La aventura de buscar

Thomas Edison fracasó más de mil veces antes de perfeccionar la primera bombilla eléctrica. ¡Mil veces! Según como lo mires, esto representa años de fracaso o años de acercamiento a una meta. Todo depende de la actitud ante las dificultades. Edison era científico, y los científicos tienen claro que para poder avanzar han de someter a prueba la teoría en la práctica, aplicando la metodología de ensayo y error todas las veces que haga falta, hasta tener éxito. Seguramente Edison se sintió frustrado, pero no por eso dejó de creer que era posible. Le citan diciendo: "Muchos fracasos son de personas que no se dieron cuenta de lo cerca que estaban del éxito cuando se dieron por vencidos".

Siempre dejamos muy claro a nuestros alumnos de iniciación que no se preocupen si no encuentran una respuesta inmediata a lo que están haciendo. Ponemos cada vez más énfasis en que la improvisación es simplemente una búsqueda de lo que puede funcionar, y les animamos a que vivan el proceso a la manera científica de ensayo-error/ensayo-acierto. "Sigue buscando" es una recomendación muy alentadora para los que están improvisando, pues les ayuda a mantener la calma ante el silencio absoluto del público. Les explicamos que están buscando en su cuerpo, su voz, su energía, algo que provoque una primera risa o sonrisa, aunque sea de una sola persona; que tienen que romper el hielo ofreciendo algo de sí mismos y que, si no funciona, tienen que arriesgar más, ser más locos o más estúpidos, exagerar lo que han hecho o probar cosas nuevas. ¡Tirarse a la piscina es la única manera de aprender a nadar!

Es esencial que se vayan dando cuenta de que hasta donde consigan llegar depende solo de ellos, pero eso no significa que tengan que esforzarse en hacerlo mejor. Tratándose del clown, se requiere todo lo contrario. Significa liberar las tensiones, soltarse y permitirse explorar. Las personas que llegan a completar el proceso de inscribirse en un curso de clown quieren que les incites a hacer el ridículo. Pocos en realidad saben cómo, pero basta con que algunos valientes salgan al escenario dispuestos a mojarse para que los demás también se animen a hacerlo.

Nosotros intentamos ayudar en todo momento desde la privilegiada posición de estar enfrente (desde ahí es mucho más fácil percibir lo que puede ser divertido). Ofrecemos pautas precisas que extraemos del baúl de nuestra experiencia en este campo ("¿Qué sientes?" "¡Escucha al público!" "¡Sigue con eso, funciona!" "¡No te muevas tanto!"), o bien valiéndonos de una activa intuición que nos mantiene a flote cuando la persona que tenemos delante precisa de algo totalmente personalizado.

Alex en esos momentos tiene ideas hilarantes, que a menudo alivian la tensión acumulada en la sala por alguien que ya intentó una serie de acciones que no funcionaron. A veces esta tensión es palpable, en cuyo caso es esencial que encontremos "el qué" para subir la energía general de nuevo. Como profesores tenemos la responsabilidad de estar atentos en todo momento al ambiente energético reinante, porque cuando es bajo, es más difícil hacer reír. La risa levanta la energía y despierta los sentidos. Más vale un grupo atento y disponible a la hora de conseguir risas.

Así que inventamos sobre la marcha. Por ejemplo, nos susurramos "Yo le voy a distraer y tú vete detrás y mueve el biombo poco a poco hacia delante hasta cubrirle, a ver cómo responde". Otras veces empezamos a fingir que no entendemos nada o discutimos abiertamente sobre lo que pensamos haber entendido. Sirve cualquier tontería que forme parte de la situación que intentan jugar o que les ayude a soltarse un poco. Intentamos provocar o elogiar, distraer o desesperar, siempre con la intención de pellizcar al clown para que aparezca con más fuerza. El hecho de que seamos dos resulta muy provechoso. A veces jugamos al "poli bueno y poli malo", o uno pide que se haga una cosa y el otro pide la opuesta, para ver cómo intentan resolver el dilema de tener dos jefes que se contradicen. Yo también aprovecho el hecho de ser inglesa, y les pido en inglés que hagan algo. Es más, si me entienden hablo más y más rápido, o empiezo a pronunciar mal. Por su parte, Alex inventa palabras sobre la marcha. Les pide con tanta convicción y naturalidad, "Por favor, puedes aboretear para nosotros", que a menudo piensan que ¡deberían estar entendiéndole!

Con todo esto, nuestra única intención es ponerles en aprietos. La dificultad en este caso es de gran ayuda para las personas en escena, porque lo que estamos haciendo en realidad es empujarles a salir de su zona de seguridad y a entrar en un terreno poco habitual, pero no por ello desconocido. Normalmente, no es algo que estén acostumbrados a vivir en público, pero precisamente por eso es tan interesante e inspirador para los que observan el proceso. La genialidad sale a flote, porque todos tenemos un instinto de supervivencia agudo. Las ingenuas respuestas instintivas en situaciones de apuro y los ingeniosos recursos que aplican para salir de allí son precisamente lo que buscamos. El clown toma impulso de la dificultad, sabe que no le queda más remedio que inventar alguna solución.

Para abrir paso a la locura, en ocasiones es necesario utilizar música. Nosotros tenemos un gran repertorio de música a mano "por si acaso"; música circense, clásica, de películas, oriental, clásicos de los años setenta, ochenta y noventa, y música contemporánea. Sabemos que la música es capaz de calar hondamente en la psique. Con música somos capaces de soltarnos el pelo, brillar como una estrella, movernos de maneras inesperadas. Así, a veces probamos a despertar el payaso con una inyección intravenosa de adrenalina pura: les invitamos a ser roqueros, raperos, héroes, bailarines del vientre, distintos *sex symbols*, etc., con una música apropiada. Los resultados son a menudo divertidísimos, y muchos alumnos nos han comentado después que se han quedado sorprendidos por la cantidad y la calidad de la energía que fueron capaces de sacar.

Ensayo y error

Es difícil, para la gran mayoría, lograr hacer reír sin más que con lo que son, precisamente porque es un arte. No es hasta que pruebas el papel de artista que te das cuenta de todo lo que está en juego, y de todos los elementos que has de tener en cuenta cuando ejerces este arte. Yo siempre he sido una lectora voraz, pero nunca me había detenido a preguntarme por qué un libro me gustaba y otro no, hasta que empecé a escribir este libro. De repente, me encontré sentada delante de mi portátil durante horas buscando en un pozo de ideas y recuerdos. Tener que darles forma, buscar palabras concretas, fue lo que me hizo ver el arte del escritor, y por supuesto, de repente mi respeto por ellos aumentó considerablemente, y entendí que tenía que seguir aprendiendo con mucha humildad.

En tu primer año de vida desarrollaste y perfeccionaste la habilidad de caminar (por mencionar solo una de las muchas habilidades que aprendiste entonces). Para adquirir la confianza necesaria para lanzarte al vacío tuviste que aprender a utilizar tu cuerpo y a fortalecerlo. Tuviste que hacer el intento miles de veces en cada etapa antes de alcanzar tu meta. Y tuviste que pasar por muchas etapas —darte la vuelta, sentarte, gatear, incorporarte, sentarte desde la posición de pie, mantener el equilibrio, desplazarte con ayuda, mantenerte de pie sin apoyo— antes de reunir la suficiente valentía, voluntad y fortaleza para dar tus primeros pasos. Y aun así, ¡estos fueron inestables y torpes!

Para llegar a caminar con soltura y coordinación como ahora, te has caído un millón de veces. Saber que caerse no es peligroso es lo que te da la confianza para avanzar. En el escenario es lo mismo. Tienes que adquirir experiencia mediante la repetición, y no sirve de nada la autoexigencia. De hecho es perjudicial para el aprendizaje, porque es fácil desanimarse cuando te pones una meta demasiado alta: "Voy a salir al escenario y provocar carcajadas continuas". ¡Olvídate de ello! Lo único que necesitas es entusiasmo y ganas de aprender. Cada uno tiene su ritmo, unos pueden asimilar la lección con rapidez, otros necesitarán más tiempo.

El arte del clown se basa precisamente en la aceptación personal de nuestras limitaciones; somos quienes somos y estamos haciéndolo lo mejor que podemos. Lo esencial es disfrutar del proceso, sean cuales sean los resultados. Por eso tienes que hacer lo que te apetezca en todo momento, salir en busca del "¡Qué placer!", y no desanimarte si te encuentras con el "¡Qué horror!". Entre los profesionales es bien sabido que un clown capaz de hacer un trabajo digno en cualquier circunstancia es uno que lleva por lo menos diez años actuando.

¿Cómo te ha ido?

Un aspecto importante del trabajo inicial con nuestros alumnos es que tomen conciencia de la respuesta real que están obteniendo del público. Tienen que saber si lo que están haciendo funciona o no, utilizando sus ojos y sus orejas. Tienen que poder recibir la reacción de cada individuo que tienen delante y hacer un buen uso de la información que reciben. Si hay alguien sonriendo es un amigo; si hay alguien riendo, un aliado, y si son varios los que ríen le están concediendo licencia para extender o desarrollar la situación. Cada una de estas reacciones debe ser interpretada como un éxito; un pequeño éxito, un éxito mediano o un gran éxito.

A menudo, el problema es que al estar delante de un público mucha gente pierde la capacidad de mantener sus cinco sentidos en funcionamiento. Casi toda la información que reciben es nueva y les desborda. Así que hacemos mucho hincapié en el momento "pausa", el momento que viene después de que el clown ha hecho lo que ha venido a hacer, el momento en que nos muestra qué siente sobre lo que ha hecho.

Para que entiendan este concepto, les proponemos un ejercicio muy simple (que aprendimos con Eric de Bont), consistente en pedirles que escojan una emoción básica y decirles que "el espectáculo" que tienen que realizar es entrar con esa emoción y decir una sola frase: "Hola, me llamo… y la tierra es redonda". Durante la parte del espectáculo pueden buscar todo lo que quieran, pueden tomarse el tiempo que necesiten, empujar un poco más hacia la ridiculez lo que están haciendo o seguir nuestras indicaciones, pero luego queremos ver lo que siente el clown de lo que hizo y de la reacción que obtuvo del público.

Como no están acostumbrados a hacer un paréntesis y sentir, hacen de todo menos eso, de modo que se lo recordamos preguntándoles "¿Cómo te ha ido?". Al principio muchos optan por la salida fácil. Sin embargo, responder "mal" o "bien" sin dar más información no es suficiente, y si dicen "bien" cuando les ha ido mal, o "mal" cuando les ha ido bien, el público se sentirá confuso o engañado. En ambos casos tenemos que ofrecerles una salida.

"¿Bien?", pregunta Alex, y añade: "¡Ha sido terrible! Un niño de tres años lo podría haber hecho mejor". Lo dice para que reaccionen, dejen de negar su fracaso y empiecen a vivirlo. "¿Mal?", pregunto yo: "¿Hay alguien aquí que se haya reído?". Muchas manos se levantan. Lo que busco es, una vez más, su reacción, y que dejen de negar su éxito y empiecen a disfrutarlo.

Lo fundamental es reaccionar, pero cuanto más creativamente se viva el momento, mejor. Asimilar esto es especialmente importante ante el fracaso. Les alentamos pues a "encajar el fracaso". Esto significa hacer una pausa para tener el tiempo de reconocer de alguna manera que han fracasado. Es el momento de ser vulnerable, de escuchar lo que el fracaso les ha provocado internamente y de enseñarlo. Evidentemente hay muchas maneras de encajar el fracaso, muchos matices, pues cada clown reaccionará según la situación y según lo que esta le provoque; es cuestión de crear a partir de ahí. Estas son algunas maneras de jugar el fracaso que hemos visto:

Ha sido un desastre y el protagonista:
- Empieza un monólogo de excusas.
- No entiende lo que ha pasado (e intenta por todos los medios entenderlo).
- Lo niega rotundamente de manera cada vez más exagerada.
- Se rebela contra la autoridad, las reglas, etc.
- Estalla en carcajadas incontenibles.
- Reconoce que no ha sido honesto emocionalmente y que está teniendo un mal día.
- Mantiene el entusiasmo por lo que acaba de hacer y vuelve a probar la acción, porque realmente está convencido de que es un gag genial.
- Sigue relajado, pues es un chulo de cuidado y "no hay problema".

- Entra en la víctima a fondo. Se revuelca en los fracasos de la vida, el universo, la humanidad.
- Duda. Juega con la inseguridad acerca de si ha sido un fracaso o no.
- Se enfada consigo mismo en plan "eres/soy un idiota".
- Abre una sesión de terapia asumiendo a la vez los papeles de terapeuta y paciente.
- Se siente apenado. Le duele el estomago; no, es el corazón... o ambos, y también la ceja izquierda, etc.
- Se muestra incómodo en su piel. Le aparecen tics nerviosos o intenta ponerse cómodo, pero no lo logra.
- Se siente abrumado por la culpa —"¡Qué terrible lo que he hecho!"— o busca culpar a otro.

El rincón

Tiempo atrás le pusimos nombre al lugar de la sala donde tenían que ir los que quedaban eliminados en los juegos. El 'Rincón de los Fracasados' resultó del deseo de cambiar la pauta normal en esas circunstancias. Lo habitual es que juegues hasta cometer un fallo y ser eliminado, en cuyo caso has de abandonar el juego. A partir de entonces, solo se te permite observar a los que siguen jugando, pero no participar. Para nosotros, estas reglas no encajaban con la pedagogía del clown, de modo que introdujimos una pauta distinta. Los eliminados sí tienen que salir del juego (encajar el fracaso) e irse al 'Rincón de los Fracasados', pero allí siguen vivos y activos. Siguen participando e incluso pueden reincorporarse al juego si encuentran una manera clownesca de hacerlo. De esta manera, convertimos el fracaso en un juego más que pueden desarrollar, y evitamos la renuncia asociada con el hecho de ser eliminado.

Nuestro propósito es enseñar que un clown nunca se da por vencido ante las adversidades y que siempre mantiene la esperanza. Quizá le han ordenado salir del escenario, porque allí no le necesitan, o no le quieren ver más, pero él no pensará nunca que es para siempre. Tiene una memoria muy corta o se olvida a propósito: no iba en serio lo de "¡fuera!". Solo es cuestión de esperar un poco, o disfrazarse con un bigote, o entrar por otro lado, o aprovechar que no está ocurriendo nada importante. La autoridad se habrá olvidado de lo ocurrido o no le reconocerá, seguro.

Así que empezamos dando las pautas del juego, y a la vez designamos un lugar específico de la sala a donde tienen que ir los que han sido eliminados. Siempre elegimos un lugar en un lado, no un rincón propiamente dicho, de modo que los fracasados tengan espacio para reaccionar y estén a la vista de quienes siguen jugando. Si estamos trabajando con la nariz roja, les advertimos que no se la quiten al llegar allí, y que no se queden apoyados contra la pared ni se ausenten del juego. Les decimos también que todavía están en el escenario, que deben reaccionar a lo que allí ocurre utilizando su ingenio, pero, para evitar el caos, tienen que respetar el foco y escuchar a la autoridad (nosotros).

Entre los juegos que proponemos con esta pauta, mi favorito, por lo sencillo pero efectivo que resulta, es el juego de "Grupos de...". Se trata de lo siguiente. Todos los alumnos circulan por la sala hasta que el profesor grita "Grupos de 2... 3, 4, 5, 6...". El número lo elegimos teniendo en cuenta cuántos jugadores están circulando en un momento dado del juego. Siempre tiene que haber un mayor número de jugadores que múltiplos del número anunciado. Los alumnos tienen que formar los grupos deprisa, y los que quedan fuera deben abandonar el juego y dirigirse al 'Rincón de los Fracasados'.

En este juego todos acabarán perdiendo, ya que cuando queden una o dos personas les pediremos que hagan un grupo de tres, y deberán asumir que no pueden. Es muy revelador ver las muchas maneras en que intentan sobrevivir. Cuando juegan aflora sin reparos su competitividad, su desesperación por quedarse entre los ganadores, como también sus pensamientos ocultos sobre sí mismos, su honorabilidad y su compañerismo. Observo con interés la actitud ante el juego de cada uno, porque me da muchas pistas sobre cómo es su clown.

Hemos aprendido que es esencial explicar claramente que la violencia no es en absoluto necesaria. La agresión física es inherente a muchos juegos de niños, y el juego de "Grupos de..." no es una excepción a la regla. En el frenético momento de formar grupos a toda velocidad, a veces los participantes hacían cosas rayanas en lo peligroso, como saltos, empujones y tirones. Todo valía con tal de ganar y, por ende, hubo que quitarles ese "chip". En consecuencia, Alex siempre aclara antes de empezar que es más interesante para todos que un grupo llegue a un acuerdo sobre quién está de más, mediante intercambios de miradas y movimientos suaves, y que el que sobra lo debe aceptar.

Con esta pauta ocurren cosas mucho más clownescas, que me sorprenden, sobre todo por los desenlaces tiernos. En un curso en Portugal iniciamos este juego, y cuando Alex gritó "¡Grupos de tres!" se formó uno de cuatro clowns. En seguida, uno decidió que le tocaba a él marcharse, pero cuando hizo ademán de retirarse, los demás le agarraron y le dijeron "¡no te vayas, no te vayas!". Él, con expresión resignada, quitó con delicadeza las manos que le impedían irse y luego dio un par de pasos hacia el 'Rincón de los Fracasados'. Pero el grupo, como una sola entidad, se movió hacia él con rapidez y le volvió a atrapar: "¡No te vayas!". Entonces, él miro hacia nosotros con cara de "¿ahora qué?", pero no le íbamos a proporcionar una solución, el problema que tenía era demasiado interesante. ¡Qué situación más inesperada la de alguien que deseaba fracasar y que los demás no le dejaran hacerlo!

Aquel se aferró a su intención de marcharse, pero cada vez que lo intentaba los otros encontraban maneras de impedírselo: le cogieron por los pies, formaron una barrera entre él y el 'Rincón', le soplaron hacia atrás. Todo esto discurrió con mucha suavidad; en ningún momento había gestos bruscos o actitudes violentas. Nadie más se movía, toda la atención se centraba en el deleite general provocado por esta escena conmovedora. Y no nos decepcionaron, ya que la resolución que encontraron fue maravillosa.

Ante la insistencia de Alex en que alguien tenía que marcharse al 'Rincón', los tres que no dejaban ir al cuarto decidieron retirarse ellos del juego. Y se fueron contentos, unidos, no sin antes dar un fuerte abrazo al cuarto, diciéndole "¡Estaremos esperándote!". Recibieron un enérgico aplauso por su actuación. Nos habían dado una lección magistral sobre la actitud altruista del clown ante el fracaso y cómo esta actitud recrea su éxito.

9
Estrategias para jugar

Jugar consiste, ante todo, en divertirse; es el único y verdadero objetivo. Y está claro que los payasos quieren divertirse. Sus improvisaciones y actuaciones se basan en vivir jugando, porque es la vía más directa a la diversión. Además, saben que su público se reirá con más facilidad al ofrecerle un estímulo cuyo tono es claramente lúdico. Por esa razón, desenvolverse con un espíritu de juego en el escenario es vital, no solo en la fase de aprendizaje, sino también como profesional. Sin embargo, como ocurre con la mayoría de los preceptos del clown, la tarea de jugar es mucho más compleja de lo que parece a simple vista.

La capacidad inicial de mis alumnos para jugar y divertirse es muy variada, y la edad no es precisamente el factor decisivo (¡a menudo son los alumnos mayores de sesenta años los que más se lanzan a jugar!). Lamentablemente, muchas de las personas que acuden a mis clases dejaron de jugar demasiado pronto, y su sentido del juego a menudo está, cuando menos, algo oxidado. Por esta razón, siempre iniciamos las clases con juegos sencillos, para recordarles lo que se siente al jugar y para volver a despertar en ellos el espíritu lúdico.

Normalmente empezamos jugando al 'tú la llevas', un juego de persecución. Siempre me asombra que todos los alumnos sin excepción, y de un modo inmediato, se ponen a correr entre gritos y risas, lanzándose como locos por la sala, esquivando y agachándose, incluso arriesgándose a caerse de bruces, y todo para que no les pillen. Ninguno se cuestiona el juego o sus reglas, ni piensan en la estupidez del juego, o en la suya propia. Ni siquiera se preguntan: "¿Por qué me importa tanto que no me pillen?". Está claro que todas sus reflexiones intelectuales quedan a un lado mientras dura el juego. Instintivamente, canalizan todo sus esfuerzos en no convertirse en el 'pillado', porque nadie quiere serlo voluntariamente. Es como si todos pensaran al unísono: "Alguien tiene que ser el 'pringado', pero no voy a ser yo". Nunca se les ocurre que forzosamente tiene que haber un 'pringado', que el juego depende de ello.

Visto desde fuera, observo que el juego se ha apoderado de ellos y que, como resultado, se sienten mucho más ágiles, entusiastas, fluidos y graciosos. Precisamente por eso es tan importante que recuperen su capacidad de jugar antes de intentar encontrar a su clown. Por suerte, es una capacidad que se recupera en el preciso instante en que uno empieza a jugar.

Una vez que han jugado a varios juegos simples, están más sueltos, y entonces les proponemos juegos teatrales que, además de divertidos, propician la concentración, la confianza, la espontaneidad y la sensibilización. Estas cualidades son fundamentales para jugar, pero son especialmente necesarias para el clown. Los alumnos tienen que "calentarse", lo cual significa estar completamente despiertos física, mental y energéticamente. Y si el juego implica a otras personas, también tienen que confiar en los otros jugadores.

Con estos juegos conseguimos despertar el espíritu juguetón y, a medida que va pasando el tiempo, empezamos a ver en sus reacciones espontáneas destellos del clown que llevan dentro. Cuando esto ocurre, sé que están preparados para abordar las siguientes etapas del aprendizaje: aprender a jugar como clown frente a un público y encontrar los juegos que más le funcionan a cada uno de ellos.

Jugar ante un público es de una complicación fascinante, hasta que se convierte en algo inherente. Entonces, y solo entonces, parece increíblemente fácil. Algunos de los alumnos que tenemos son clowns naturales, pero incluso estos tienen que aprender las estrategias básicas que se requiere para iniciar, improvisar y escenificar juegos de clown. En realidad, dichas estrategias son más bien señales que indican a los alumnos la dirección correcta, pero que nunca restringen su libertad de elección. Ayudan a mantener la claridad, la simplicidad y la complicidad durante la actuación, tres de las piedras angulares de la comedia.

El gozo interior

Antes de entrar en detalles sobre las estrategias usadas por los clowns, creo que debo hacer hincapié en la importancia de hallar el gozo interno mientras improvisas. Si observas a los niños cuando están sumergidos en juegos de imaginación, o mejor aún, si juegas con ellos, en seguida notarás la importancia que tiene ese gozo, además de entender el estado lúdico más profundamente.

Mi hija, durante su niñez, era tremendamente feliz mientras jugaba, razón por la cual era una jugadora ingeniosa y una gran inventora de juegos. Cuando le gustaba algún juego en particular, lo jugaba sin parar; lo reinventaba un poco para conservar el interés, pero mantenía la estructura básica intacta, a menos que también la reinventara en un salto imaginativo. Le encantaba inventarse nuevas reglas para sus juegos, sobre todo si eran juegos de rol, en los que yo también participaba.

—*Tú eres el monstruo y tienes que secuestrarme* —*me decía*. Pero en cuanto yo lo intentaba, echaba a correr.
—*Eh, ¿no hemos quedado en que tenía que secuestrarte?* —*refunfuñaba yo*.
—*Es que he encontrado una capa invisible, ¡y no puedes verme!* —*me contestaba, mientras se escurría detrás*

de mí y saltaba sobre mi espalda.
—Se me acaba de caer algo encima, pero no veo lo que es —le decía gruñendo mientras giraba, fingiendo que me la quería quitar de encima.
Dando gritos de alegría, mi hija encontraba infinitas maneras de prolongar la diversión.
Un día en que jugábamos al juego del monstruo malo, hice aparecer un montón de cadenas imaginarias y la até con ellas y un candado en un calabozo profundo y oscuro, bajo la colcha de su cama.
—Pues ahora —le dije en tono triunfante—, no te vas a escapar ¡y te voy a comer para cenar!
Pero otra vez mi hija fue más ingeniosa que yo. Sencillamente se sacó una llave imaginaria (que astutamente había escondido antes), abrió el candado y salió corriendo entre chillidos y carcajadas.
—Lo siento, monstruo, esta noche tendrás que comer ¡verdura! —gritó entre risas.

Como puedes ver, los niños siempre orientan los juegos hacia donde más les interesa, hacia su propio gozo. No hay que explicárselo, lo saben de una forma natural; sin embargo a nosotros, los adultos, nos lo tienen que recordar: la clave para jugar con éxito es nuestro gozo interno. Así pues, la pregunta que debes hacerte si alguna vez te quedas atascado en un juego en pleno escenario es esta: ¿Qué me gustaría hacer ahora? Asombrosamente sencillo, ¿no?

Encontrar el juego

Tu profesora de clown pide que salga un voluntario y tú das un paso adelante. A continuación te explica el ejercicio. Asimilas lo que se supone que debes hacer y te vas tras el biombo para empezar la improvisación. Te pones la nariz roja y piensas en cómo comenzar, y de repente te das cuenta de que otra vez estás de pie al borde de un trampolín con los ojos vendados, a punto de saltar a la piscina sin saber si tiene agua.. El ejercicio es solo el principio, el trampolín, pero todavía tienes que encontrar el juego que tu clown va a ofrecer al público.

Encontrar un juego no es tan difícil como parece. Poco a poco descubrirás que existe una cantidad infinita de ellos. A menudo, la parte más difícil es reconocer ese juego que ya has empezado en el momento mismo de salir al escenario. Tener una actitud abierta y un estado de alerta sin duda es de gran ayuda, pero lo más fácil es estar atento a las reacciones del público. Son ellos los que te van a decir cuándo ha empezado el juego (no solamente con su risa o con su silencio, sino también con su postura física y su nivel de atención), cuándo quieren más del mismo o cuándo ha dejado de interesarles.

A veces, como ya he dicho, un juego puede empezar espontáneamente porque tu clown ha salido al escenario contigo. Sin embargo, si la conexión que tienes con tu clown es intermitente, para reconectarte tendrás que empezar por algo sencillo (un gesto, una acción o un estado emocional) y observar con atención cualquier reacción positiva, tanto en tu interior como en el público.

Iniciar algo nuevo es *una propuesta*, es tu clown proponiendo un nuevo juego. Un clown puede convertir cualquier cosa en un juego, pero las mejores propuestas son aquellas que son claras y a la vez atractivas. Así mismo, cuanto más sólida y sencilla sea tu propuesta, mejor. También te proporcionarán herramientas para el juego las propuestas que indiquen lo que sientes, lo que estás haciendo sobre el escenario, lo que te interesa, dónde estás o qué relación estableces con las personas o con las cosas que te rodean. Y si además lo que propones resulta gracioso, ¡sabrás con certeza que vas por el buen camino!

Así pues, las buenas propuestas de juego tienen sustancia y son apetitosas. Te guían hacia adelante facilitándote el camino, porque actúan como materia inflamable del ingenio. Las propuestas estériles son las que no alimentan tu creatividad, las que no tienen suficiente fuerza emocional o las que son tan sosas que no tienen ningún interés. Solemos hacer propuestas débiles cuando no somos sinceros o generosos, y el público no se deja engañar. No olvides que el *cómo* es tan importante, si no más, que el *qué*. El público disfrutará de verdad con tu forma de ser, con ver cómo te expresas o cómo se manifiesta tu humor.

A veces encontrarás un juego que podrás mantener durante toda una improvisación, otras veces tendrás que cambiarlo, ya sea porque el público ha perdido interés en él, o porque lo has perdido tú, y ambas cosas suelen coincidir. En ocasiones, el juego tiene un límite lógico, en el que por fuerza tiene que acabar; en otras encontrarás juegos dentro del juego que enriquecerán indefinidamente la estructura inicial.

A continuación intentaré aclarar todo esto, con ejemplos de improvisaciones realizadas por algunos de mis alumnos. En algunas de las explicaciones he incluido nuestros comentarios a alumnos que se encontraban en apuros. A menudo nuestra intervención es una tabla de salvación, pero, en la medida de lo posible, les dejamos que sean ellos mismos los que encuentren la tabla que los mantenga a flote. No obstante, en algunas ocasiones pedimos a alumnos que vuelvan a empezar su improvisación. Esto ocurre cuando el alumno tiene que subir o rebajar su energía, cuando no ha entendido bien el ejercicio, o cuando ha empezado con tan mal pie que continuar por ese camino sería como darse cabezazos contra un muro tratando de atravesarlo.

Es difícil hacer justicia a la actuación de un payaso a través de las palabras. Sin la experiencia de verle en directo uno pierde muchas cosas, en especial la gracia de su presencia; la comicidad de una expresión, un gesto, una mirada, un cierto tono de voz, etc. No obstante, espero que los ejemplos sean útiles.

Ejercicio 1: '¿A qué jugamos?'

Dos participantes. El primer clown entra, contacta con el público y ofrece algo pequeño (una acción o una emoción, o se interesa en algo). Entra el segundo desde el lado opuesto, contacta con el público y luego se da cuenta de que hay alguien más en el escenario. No se conocen entre sí. Si sale algo naturalmente, tienen que fluir con ello, pero hasta entonces simplemente tienen que sentir y estar atentos. En el momento en que captan una propuesta de juego propia o del compañero su consigna es aceptarla, y después, encontrar maneras de apoyarla o reforzarla, de jugarla entre los dos.

Ejemplo

Frank entra con entusiasmo, planta los pies en el suelo y observa todo a su alrededor como si lo tomara de un trago. Dice: "¡guau!", al ver el escenario; "¡guau!", al ver el biombo; "¡guau!", al ver al público, y luego se queda mirándonos con una sonrisa de oreja a oreja.

El público se ríe, él ya ha iniciado un juego, pero no se da cuenta de ello.

Lucy, su pareja en esta improvisación, entra mirando con ternura al público y luego a Frank. Él no sabe cómo reaccionar.

Nosotros le animamos: Frank... "¡guau!"

Frank toma impulso y dice "¡guau!", con entusiasmo. Corren el uno hacia el otro para abrazarse.

Nosotros: No, volver donde estabais, a cuatro metros de distancia. Si os juntáis sin más echáis a perder todo el juego; el juego de vuestra atracción mutua y cómo esta atracción cambiará vuestro comportamiento. No os habéis dado la oportunidad de explorar todas las ideas estúpidas que se os podrían ocurrir con el juego de la seducción mutua.

Vuelven a tomar distancia. Él se pone en una pose de culturista y se gira hacia ella.

Nosotros: No, primero muéstranos que has tenido la idea. Piensa... "quizá ser más macho sería más efectivo para seducirla". Y tómate tu tiempo. Primero muéstrale solo un brazo para ver cómo reacciona.

Frank sigue la pauta y consigue risas. Ella muestra su interés. Frank no sabe cómo continuar.

Nosotros: Ahora el otro brazo, Frank. Recréate paso a paso en tu juego físico. Y no olvidéis enseñarnos qué sentís cada vez, permitid que la atracción se vaya incrementando.

Lo hacen, y el juego funciona bien. El público está divirtiéndose tanto que quiere más, pero ellos no lo escuchan y piensan que el juego se ha acabado. Otra vez corren a abrazarse.

Nosotros: ¡No! Ahora le toca a ella. ¿Qué piensas que sería atractivo para él, Lucy? ¿Cómo es tu rutina de seducción?

Lucy muestra de una manera muy ridícula sus encantos de mujer, lo cual permite a Frank volver a decir "¡guau!", con entusiasmo. El público está feliz.

Nosotros: ¡Sí! Ahora empuja el "¡guau!", juega con ello, conviértelo en una llamada de apareamiento.

Frank lo hace con gran efecto. Funciona tan bien que Lucy decide responderle con la suya. Han pasado diez minutos y todavía pueden exprimir más juego de la propuesta inicial. Por ejemplo, a través de un baile en pareja, de la tensión antes del primer beso, del momento del beso en sí, de su reacción al beso, del intento de Frank de llevarla en brazos, del intento de Lucy de hacer lo mismo, de su creciente deseo de estar a solas, de los problemas que encuentran intentando salir sin perder el contacto físico, y del remate final: el "¡guau!" que oímos desde detrás del biombo, pero esta vez, de los dos.

Decir *sí*

Como has podido ver en el ejemplo anterior, reconocer que el juego ya ha empezado es vital en escena. Si el público ve que haces algo que le gusta, no querrá que abandones o cambies de juego en seguida. Lo que quiere es ver cómo desarrollas tu propuesta. Si no aprendes a hacer esto, te encontrarás en la estresante situación de tener que buscar un juego tras otro, probablemente sin divertirte con ninguno.

Veo cómo mis alumnos luchan por entender cómo desarrollar los juegos en el escenario. Parece haber una tendencia generalizada a ir demasiado rápido, a no regocijarse, sencillamente porque no entienden lo divertidos que pueden llegar a ser los detalles. Es precisamente en los detalles donde está la comedia. Y esta es la razón por la cual en todos los juegos, el contenido emocional, así como el contenido físico, deben llegar a desarrollarse completamente, paso a paso.

Así pues, esto es lo primero que intentamos que asimilen nuestros alumnos: que los pequeños pasos hay que darlos junto con un "¡sí!" interior e incondicional. Este "¡sí!" es tanto una aceptación de lo que has propuesto como una decisión de entregarte al cien por cien a tu juego. Si te involucras completamente en tu juego, te resultará mucho más fácil desarrollar los detalles. Lo harás sin apenas esfuerzo.

La implicación total requiere estar aquí y ahora al cien por cien. Algunos alumnos son capaces de estar plenamente presentes de una forma natural, sin ayuda por nuestra parte, pero en general no es así. Normalmente, tienen que aprender a escuchar el "no" interior y cambiarlo por un "¡sí!".

Aquí tienes algunas reglas de oro:
- Di ¡sí! a todas las propuestas y ve a donde te lleven.
- Escucha con atención.
- Mantén el interés.
- Mantén el contacto visual.
- Toma tus propias decisiones (no preguntes a tu compañero "¿Qué estás haciendo?" o "¿Por qué haces esto?").
- No entres en pánico si lo que pruebas no funciona en seguida.

En el ejemplo del ejercicio 2, los clowns están aplicando todas estas reglas, marcando la diferencia en el desarrollo del juego.

Ejercicio 2: 'Los náufragos'
Cuatro o cinco participantes. Se explica que la noche anterior había una tremenda tormenta y el barco en el cual viajaban se hundió. Son los supervivientes, náufragos arrastrados hasta una playa desierta en una isla desconocida. Están estirados sobre el suelo, todavía inconscientes, cuando empieza la improvisación. El primero en despertar es el capitán del barco. Tiene que organizar al equipo y explorar la isla para dar con algo que les ayude a ser rescatados. Ambientamos la escena con sonidos propios de una playa tropical hasta que los clowns encuentran su juego.

Ejemplo
La Capitana se mueve en sueños, tiene pesadillas de la noche anterior. Sus gritos ahogados y sus movimientos nerviosos alteran el sueño de los otros clowns. La Capitana se endereza de golpe, gorgoteando como un ahogado. Los otros se despiertan aturdidos. Lentamente se ponen de pie, juntándose en una piña y mirando desolados a su alrededor. La Capitana también mira con desaliento el panorama, pero al ver el público se anima.

Capitana

¡Marineros! Cada uno a una tarea. Tú vigila el agua, puede que haya cocodrilos gigantes. Tú vigila la selva, los jabalíes son sumamente peligrosos en esta zona. Tú vigila el cielo, seguramente pterodáctilos hambrientos anden cerca.

(Los marineros tiemblan de miedo mientras forman un triángulo, espalda con espalda, cada uno mirando a una dirección diferente. Su actitud es de paranoia. De repente, el que se quedó mirando hacia el público —y el agua— se paraliza de terror. Con un hilito de voz.)

Marinero 1
Capitana... Capitana...

(La Capitana está ocupada, tiene su oreja pegada al suelo, en busca de posibles peligros.)

Capitana, un...

(La Capitana simula no haber oído al marinero, pero se mueve hacia el agua —y el peligro— siguiendo unas huellas. Las compara con sus propios pies y luego toma la medida de una. Mide varios palmos. ¡Es enorme!)

Capitana, ¡un cocodrilo gigante!

(La Capitana ve al cocodrilo y salta hacia adelante sin temor para luchar con la bestia. Su mímica hace ver que no es una tarea fácil.)

Capitana
¡Echadme una mano marineros!

(Los marineros se giran para verse e intercambian miradas urgentes.)

Marinero 1
¡Vete tú!

Marinero 2
No, ¡tú!

Marinero 3
¿Yo? ¿Por qué? ¡No es justo!

(Su discusión continúa durante un rato, ninguno quiere ponerse en peligro. De repente uno cambia de táctica y, con muy buena educación, dice)

Marinero 2
No, por favor. Aunque tu oferta es muy amable, te aseguro que no me importa que tú vayas primero.

(Los otros dos siguen la nueva propuesta instantáneamente.)

Marinero 3
No, no me perdonaría jamás tomar protagonismo cuando tú lo puedes hacer mejor.

Marinero 1
Ya, pero me encantaría que fueras tú el héroe del día, lo mereces.

(Y siguen así. Mientras tanto, la Capitana ha abierto de par en par la boca del cocodrilo. Le tiene agarradas las mandíbulas con sus manos, pero el esfuerzo amenaza con ser demasiado para ella.)

CAPITANA
¡Eh!... ¿qué demonios estáis haciendo? Todos a una, echarme una mano, ¡es una orden!

(Los marineros se miran entre ellos resignados. Uno por uno se ponen las manos tras la espalda. Uno dice: "Un, dos, tres... piedra, papel, tijeras". Sacan sus manos al mismo tiempo, pero cada uno tiene un elemento distinto, así que todos ganan y están felices. Mientras tanto, la Capitana está perdiendo la batalla.)

No puedo aguantar más... ¡aaaah!

(La Capitana hace como si el cocodrilo se la comiera. Los marineros se apresuran para salvarla, corriendo de un lado a otro, antes de tirarse formando una línea en el suelo. Uno coge a la Capitana por los pies; el siguiente, detrás, coge los pies del primer marinero; y el último, al fondo, agarra los pies del segundo marinero, quien además grita)

MARINERO 3
No se preocupe, Capitana, todo va a salir bien, todos a una, tal como usted ha dicho.

(Pero en vez de tirar hacia atrás, todos se deslizan hacia delante, entrando uno por uno dentro del cocodrilo.)

CAPITANA
¡Idiotas!

(Grita la Capitana una vez que todos están apretujados dentro del estómago del cocodrilo.)

Marineros 1, 2 y 3
Otas... Otas... Otas.

(Repiten los tres marineros como si hubiera un eco impresionante. Se acomodan los cuatro, sentados en una línea tocándose los hombros entre ellos.)

Marinero 2
Está muy oscuro aquí.

Marinero 3
Sí, yo no veo nada.

Marinero 1
Tengo una idea. Capitana, podríamos cantar una nana para hacer dormir al cocodrilo, y cuando abra la boca para roncar, podríamos escaparnos.

Capitana
Probémoslo, marinero, no tengo ninguna idea mejor.

(Comienzan a balancearse suavemente ahí donde están sentados, inventando sobre la marcha una nana. Cantan por turnos. A la cuarta frase, uno empieza a bostezar y los demás se contagian. Enredados mutuamente y con los ojos pesados por el sueño, uno por uno caen dormidos y roncan felizmente.)

Explicar los porqués

Ya he dicho que los clowns actúan con lógica (aunque esta no sea la habitual), que siempre existe una motivación o justificación para hacer lo que hacen. Actuar con lógica es de extrema importancia, pero una vez más, no parece ser algo que surja naturalmente en las personas que se inician en el clown. Mis alumnos se pelean tanto con los porqués de sus acciones que me han hecho entender por qué el mundo es un lugar tan demencial. ¿Por qué te adelantas? ¿Por qué has hecho ese gesto? ¿Por qué esa mirada? ¿Por qué ahora te sientes feliz si hace un segundo estabas triste?

El público se planteará todas estas preguntas, y si no consiguen entender los porqués, lo perderás; no será capaz de seguirte. En el escenario, los porqués de todo lo que hagas tienen que quedar tan claros que nadie necesite hacerse preguntas. Los "porqués" no son solo necesarios, sino también, útiles al crear humor. En seguida te darás cuenta de su valor. Para que lo entiendas, no se trata de encontrar los porqués de lo que haces, sino que lo que haces venga motivado por algo que lo justifique, y por tanto, las cosas surjan con su "por qué" incorporado. Aunque conseguir esto, sin ni siquiera pensar en ello, requiere tiempo. El primer paso es tomar conciencia de los momentos en los que no has actuado con lógica. Has perdido al público, ¿podría ser que no hubiera entendido algún por qué?

A menudo, la *forma* en que lo has hecho te dará la respuesta. ¿Avanzaste a grandes zancadas, lo hiciste despreocupadamente, o de puntillas? ¿Fanfarroneaste o tuviste vergüenza? ¿Estabas incómodo en el sitio donde te encontrabas, o te atrajo algo que viste? ¿Cuál era tu motivación para moverte? Si no sabes cuál fue la motivación para hacer algo, tienes una segunda oportunidad; explicar por qué lo hiciste o usar "el cómo" lo hiciste para dar el siguiente paso.

En realidad, lo que estoy diciendo es simplemente que si te haces consciente de los "porqués" a través de los "cómos", la próxima acción o reacción te llegará sin esfuerzo y será consecuente con lo que acabas de hacer; ¡la improvisación avanzará con facilidad y será comprensible! Tus compañeros también se sentirán relajados, ya que no les pedirás que interpreten tus acciones por ti. Puedes llegar a ser tan hábil en explicar los porqués que incluso les podrás ayudar tú a ellos a superar un momento ilógico, al ofrecerles inmediatamente "un por qué" para su extraño comportamiento. En el ejercicio 3 se pone de relieve esta habilidad, que te mostrará lo útil y divertido que puede llegar a ser.

Ejercicio 3: 'Vender un objeto'
Este ejercicio es una mezcla de ejercicios similares, donde los clowns explican sus inventos extraordinarios o venden objetos ordinarios con explicaciones extraordinarias.

Tres participantes. Uno es el jefe, y los otros dos sus ayudantes, que vienen a presentar, ante un grupo selecto de compradores, una serie de objetos. Antes de intentar venderlos, tienen que explicar la gran utilidad de sus inventos. Los ayudantes crean problemas a su jefe.

Ejemplo

(Víctor, Marta y Cintia entran juntos, aparentan ser unos amigos hippies que acaban de fumar marihuana. Víctor, el que está en el medio, toma la iniciativa.)

Víctor
Venimos a vender armas. Armamentos de última generación, de alta tecnología, para la guerra moderna.

(Marta, sexy, forma una pistola con sus dedos e imita el sonido de un disparo.)

Marta
Piñao, piñao.

(Víctor la mira desconcertado, pero, al volver a mirar al público, recupera su compostura con una risita falsa.)

Víctor
Ja, ja. Marta, mi preciosa ayudante está calentando vuestros motores. Gracias Marta, les veo ya con ganas de empezar. ¿Por qué no me vas a buscar la primera arma?

(Marta está haciendo poses tipo Lara Croft y no reacciona. No está escuchando o jugando con los demás, está inmersa en su propio juego. A Víctor le toca resolver la situación.

Víctor se gira hacia Cintia, quien sonríe tontamente al público. Ella tiene una mano medio escondida en su abrigo. Víctor, en un alarde de imaginación, cree que está tratando de sacar u ocultar una pistola, y toma una pose tipo James Bond esperando a un asesino. Cintia no da señales de haberle visto.

Ella tampoco está atenta a sus propuestas. Ahora Víctor tiene un problema de verdad, está completamente en sus manos explicar los porqués del comportamiento de sus dos compañeras.

Cintia saca de su abrigo una diadema con orejas de conejo y la muestra felizmente al público.

Víctor, obviamente no lo esperaba, pero incorpora esta acción extraña al instante.)

¡Guau, que increíble rapidez! Ni te vi salir a por ella. Hacemos un maravilloso equipo, venga, choca esos cinco.

(Víctor levanta sus dos brazos e intenta chocar los cinco con Cintia, pero algo en el público la tiene distraída. Y Marta todavía está perdida en su propia historia. Sigue desarrollando su mímica de una heroína, sacando diferentes armas de diferentes partes de su anatomía.

Víctor se queda con cara de tonto, con las manos arriba, pero una vez más encuentra la manera lógica de resolverlo.

Mira a sus dos compañeras y junta sus palmas en una plegaria. Después de una breve petición de fuerza y paciencia, choca los cinco con Dios. En este momento, Cintia reenfoca su atención hacia él e imita su última acción.

Víctor reacciona sin perder la compostura, aceptando su acción y dándole lógica.

Choca los cinco con ella y coge la diadema de sus manos. Se gira al público con su risita, que esta vez suena aún más falsa.)

¡Qué sincronización! ¡Qué precisión! Como el arma que tengo aquí. Sincronizada en Suiza, y perfeccionada en secreto por nuestras agentes secretas en Playboy.

(Ha explicado el porqué de las orejas. Se pone la diadema en la cabeza. Inmediatamente, Cintia queda fascinada con el movimiento de las orejas. Se le acerca y sigue atentamente los movimientos de su cabeza, imitándolos. Marta ha agotado las ideas que su imaginación le proporcionaba, vuelve a mirar a sus compañeros. Instintivamente, también se acerca a Víctor, desde el otro lado, y atenta a las orejas, sigue su movimiento.

Víctor, que estaba presentando las increíbles utilidades del arma en su cabeza, se vuelve consciente de la cercanía de sus compañeras y de sus movimientos paralelos al suyo. No rompe el momento, pero ofrece una explicación lógica para ello.)

Esto es nueva y pura tecnología. Es una antena que se apodera del movimiento del enemigo y emite una señal que le atrae hacia usted.

(Víctor es consciente de que cuanto más mueve la cabeza, más se ríe el público. Mueve entonces su cabeza de lado a lado, y luego dobla las piernas para añadir un movimiento vertical al horizontal. Sus compañeras le siguen como en una especie de trance; se le acercan poco a poco, una a cada lado, hasta quedar a pocos centímetros de las orejas. Víctor comienza a ralentizar sus palabras y movimientos. El juego de los tres a cámara lenta es hilarante. Una vez que la risa ha tomado su curso,

Víctor —todavía a cámara lenta— mira con recelo a sus compañeras. Una vez más, vuelto hacia el público, ríe sin humor antes de chasquear los dedos frente a la cara de cada una de ellas.

Después de haber terminado el juego de "seguir al líder", Víctor vuelve a la lógica estructural de la improvisación —es el jefe y están vendiendo armas—.)

Hey, no dejéis que la antena os lave el cerebro. ¡Salid del alcance de sus ondas tóxicas rápidamente! ¿Por qué no me traéis la segunda arma mientras apago esta?

(Víctor hace una pausa para ver si van a ofrecer algo más. No lo hacen. Una vez más salva la situación proponiendo la próxima serie de acciones lógicas.

Víctor se saca la diadema de su cabeza y la menea de lado a lado delante de sus caras embobadas.)

¡Equipo, venga, animaos! Id a buscar la segunda arma, ¡tenemos clientes!

(Cintia y Marta finalmente le escuchan y se animan, aunque siguen con la mirada fija en las orejas. De repente, Víctor tira la diadema hacia atrás con fuerza y desaparece por detrás del biombo. Cintia y Marta corren tras ella como dos perros detrás de una pelota.)

El público explota en carcajadas. El talento de Víctor en dar sentido a un montón de chifladuras es un regalo para todos.

Cómo desarrollar una propuesta de juego

Ya hemos visto que es indispensable desarrollar los juegos que surgen y exprimir lo que puedan dar de sí. Sé que es fácil decirlo, y no siempre es tan obvio llevarlo a cabo. Desde luego, la experiencia es un factor importante, pero como principiante hay tres cosas fundamentales que pueden ayudar a tu clown a desarrollar juegos, y a que estos sean fluidos y graciosos.

1. Encontrar el pretexto

Tienes que intentar descubrir o definir lo más pronto posible las siguientes preguntas: ¿Cuál es tu pretexto para estar en el escenario? ¿Por qué estás ahí? ¿Qué nos quieres mostrar? ¿Cuál es tu objetivo? ¿Has venido para llevar a cabo un trabajo, enseñarnos algo o impulsado por una obsesión?

Un pretexto te ofrece una dirección definida hacia la cual dirigirte. Te inspirará una serie de acciones lógicas que te llevarán hacia la consecución de tu objetivo, o te proporcionará los parámetros del juego, mientras evitas descaradamente lo que se supone que has venido a hacer. Una vez más, el pretexto debería ser algo sencillo, ¡pero no por ello tu clown lo encontrará fácil de llevar a cabo!

A veces el ejercicio que has de improvisar te dará un pretexto predeterminado, y otras veces, el ejercicio será más abierto. Considera estos últimos como una oportunidad para encontrar tus razones para estar en el escenario. En una improvisación, definir cuanto antes el pretexto no solo te ayudará a relajarte y orientarte, sino que también, en muchas ocasiones, te puede proporcionar un final redondo (justo después de haber cumplido dicho pretexto).

Recuerda: los clowns encuentran infinitas razones para estar en el escenario, porque les encanta ser el centro de atención. Esas razones surgen o les asaltan por sorpresa revestidas de una importancia que en la mayoría de los casos es risible. Exactamente igual que los niños cuando no quieren irse a la cama, las razones de un clown para estar en el escenario no son razones de vida o muerte, son solo excusas para quedarse un rato más ante la mirada de su público.

Ejercicio 4: 'El 1, 2, 3 del payaso'
La primera vez que vimos este ejercicio fue en una muestra de un curso de clown de Joseph Collard, de la Cia. Les Founamboules. Nosotros lo hemos usado para enseñar una amplia gama de preceptos: en especial, cómo aceptar y desarrollar propuestas de juego, disfrutar de los errores y definir el pretexto.

Dos participantes. Se ubica una silla en el escenario cerca del público. Los dos clowns, situados al fondo del escenario, están separados a una distancia de unos dos metros y de espaldas al público, con los ojos cerrados. Por turnos, todavía con la cara hacia la pared, deben anunciar en voz alta lo que van a hacer o decir, contar "1, 2, 3" (también en voz alta), y luego, ejecutar las acciones o frases anunciadas. Durante el turno de su compañero deben quedarse quietos, pero sin convertirse en estatuas.

Recomendamos que anuncien un máximo de tres acciones en cada turno para empezar, a menos que se sientan capaces de recordar todo lo que anuncian. También, les recordamos la importancia del contenido emocional, y que deberían anunciarlo al mismo tiempo que sus acciones. Por ejemplo: "Voy a abrir mis ojos, girarme hacia el público, y cuando vea al público que me ha tocado, suspiraré con resignación."

Si durante el ejercicio se olvidan de contar "1, 2, 3" en voz alta, hacen algo que no han anunciado, no hacen algo que han anunciado o si se equivocan en el orden de sus acciones, deben volver a empezar y ponerse de nuevo de cara a la pared. El profesor interviene si se equivocan y no lo reconocen o no vuelven a la pared (lo cual ocurre a menudo).

El objetivo es ser el primero en llegar a la silla y sentarse. El que lo consigue "gana" y la improvisación se termina. Los clowns no pueden ir a sentarse directamente. Primero tienen que contactar con el público, crear una relación con su compañero, empezar un juego juntos (usando la silla, o no, como punto de partida) y, finalmente, encontrar maneras lógicas de moverse hacia la silla y sentarse en ella.

En este ejercicio, solo el hecho de girarse hacia el público puede ser el principio de un juego. Algunos clowns se han perdido en el laberinto de "voy a girar sobre mí mismo", "voy a voltear", "voy a hacer un giro hacia la derecha", "voy a hacer medio giro", "voy a dar la vuelta", etc., ¡sin ni siquiera dar un paso hacia la silla durante todo el ejercicio!

Ejemplo
Pedro anuncia que abrirá sus ojos y se girará hacia el público. Cuenta 1, 2, 3, y lo hace. Gloria hace lo mismo.

Pedro anuncia que levantará sus brazos. Cuenta y lo hace.

Gloria quiere dar tres pasos hacia adelante, pero olvida contar 1, 2, 3, y tiene que volver a la pared.

Pedro no sabe qué hacer.

Nosotros: Tienes los brazos en el aire, ahora tienes que hacer algo con eso.

Pedro: Voy a ir hacia mi compañera.

Nosotros: ¡No! Primero haz algo o di algo que nos ayude a entender por qué has levantado los brazos. Ir hacia Gloria no nos aclara nada.

Pedro: He levantado mis brazos de modo que Gloria me pueda hacer cosquillas.

Nosotros: Eso no lo entendemos. Has levantado los brazos de una manera automática, ni siquiera has mirado a Gloria.

Pedro: Como he percibido de reojo que hay una persona a mi izquierda y pensé que iba a atracarme, levanté los brazos en un gesto automático de rendición. Ahora voy a temblar un poco y a pedir clemencia.

Cuando lo dice, el público se ríe por primera vez, y cuando de nuevo realiza la acción el público se ríe otra vez.

Nosotros: ¡Sí! Directo, lógico y divertido, bien.

(Ahora el juego tiene una dirección concreta, los dos conocen cuál es el pretexto para estar en el escenario. Gloria se gira y atraca a Pedro. Le saca su cartera y se la mete en su propio bolsillo.)

Nosotros: ¿No hay nada interesante en la cartera? Enséñanos lo que has encontrado.

(Gloria vuelve a sacar la cartera, la abre y saca un billete. Se muestra contenta.)

Pedro: Ahora que tiene lo que quiere, espero que se aleje rápidamente.

Nosotros: ¿Y el juego? ¿No se le puede sacar más jugo antes de darlo por muerto?

Pedro: Obviamente esta atracadora es una tonta perdida. Como no descubrirá mi bolsillo secreto, puedo respirar con alivio.

(Otra vez el público se ríe. Pedro, volviendo al juego, ha despertado su interés de nuevo.)

Gloria: Ahora que he descubierto que ser mala tiene ventajas, voy a ir hacia el público para atracarles.

(Gloria, aunque ha conseguido una risa, acaba de pasar por alto lo que ha dicho Pedro y ha matado el juego entre ellos.)

Nosotros: ¿Has escuchado lo que ha dicho Pedro? ¿Has visto que mostraba signos claros de alivio? ¿No te hace sospechar que ocurre algo raro? Tu víctima no debería estar tan relajada.

(Gloria vuelve y mira a Pedro de arriba abajo.)

Gloria: Como soy una atracadora profesional, he tomado cursos de lenguaje corporal y desconfío de todo. Sospecho que mi víctima puede estar escondiendo algo muy valioso en alguna parte de su cuerpo.

(Por supuesto, recibe una gran risa por su ingenio. Ha recuperado el juego y su pretexto mutuo. El público lo agradece. Manteniendo su razón de estar en el escenario, la de jugar un atraco, su improvisación sigue un buen camino. Gloria y Pedro han entendido cómo desarrollar su propio juego. Consiguen alargar la propuesta inicial al dar un giro inesperado. Se hacen cómplices y atracan al público juntos, recogen prendas y se las meten debajo de su propia ropa. Llegan a la silla como "hombres Michelin", con bultos enormes por todas partes, incluidos sus calcetines. Cuando se sientan por fin en la silla, lo hacen juntos, para repasar todo el botín. Su público les aplaude con gusto, ninguno ha "ganado", pero los dos son felices.)

2. Fluir

Improvisar significa no tener nada preparado, crear a medida que vas avanzando, incorporar lo inesperado, utilizar lo que va surgiendo o lo que tienes a mano. Casi sobra decir que debes permitirte fluir. "¡Pues claro!", pensarás: "¿Qué otra cosa podría hacer en una improvisación?". Pero te sorprendería lo poco que tardarías en comprobar que estás equivocado, que fluir no es tan sencillo (la mente humana no es muy flexible si no la entrenamos a serlo). Casi en un acto reflejo, tu mente intentará fijar un rumbo por ti, te exhortará a que te aferres, como si se te fuera la vida en ello, a sus propias y "magníficas" ideas, mientras desestima todos los signos del inminente desastre (lo que estás haciendo no es divertido y no hay risas en el público). En realidad, lo que está haciendo tu mente es protegerte del dolor a fracasar, tener problemas, equivocarse... pero precisamente, eso es lo que necesita tu clown para poder jugar con éxito. Por consiguiente, en el escenario, el resultado de los sistemas de defensa de tu mente suelen ser desastrosos.

Por ejemplo, puedes pillarte haciendo un gesto claramente sexual, y antes de que te des cuenta, la moralidad de tu mente habrá decidido que has ido demasiado lejos, te ordenará reprimirte físicamente y hacer ver que ese gesto provocador nunca existió. O puede que veas que tu pareja ignora los parámetros que tú has establecido, que no entiende a dónde te diriges o que sencillamente no sigue tu juego; entonces, de repente, empiezas a sentirte incómodo y desconcertado, sin saber cómo reaccionar o actuar. O tal vez estés convencido de que el público entiende perfectamente lo que estás haciendo (aunque no sea así), y sigas el curso de tu acción hasta que el profesor finalmente te detenga y te pregunte: "¿Crees que lo que haces está funcionando?".

Todas las posibilidades mencionadas son indicios de que todavía no te estás permitiendo fluir, de que no aceptas el cambio. Tienes que convencerte de que, pase lo que pase, encontrarás la manera perfecta de resolverlo. El hecho de no tener nada preparado, sin duda dará lugar a problemas, pero al público le encantará si no bloqueas el curso de los acontecimientos. El ejemplo que doy a continuación muestra cómo algunas improvisaciones empiezan a parecer números ensayados si los clowns son hábiles en el fluir.

Ejercicio 5: 'El superhéroe'
Dos participantes. El profesor ubica un objeto en el escenario sin que los clowns lo vean. El objeto puede ser algo grotesco (un hueso o una mano falsos) o algo que inspire

miedo (una araña o una serpiente). El primer clown entra, conecta con el público y luego ve el objeto. El objeto le inspira su peor pesadilla (hay un asesino suelto o una invasión de tarántulas). Pide socorro. El segundo clown es un superhéroe (lleva prendas que denotan su oficio). Entra cuando oye el grito de socorro, pero en vez de resolver el problema, lo empeora. La improvisación puede incluso terminar con el primer clown salvando al superhéroe.

Ejemplo
Dejamos una gran mosca de goma en el escenario. Ana entra contenta, pero al ver la mosca se pone a temblar incontroladamente. Empieza a hacer un zumbido de mosca y entra en paranoia; bate el aire con sus brazos como si una mosca volara a su alrededor. Pierde el equilibrio y cae al suelo, al lado de la mosca que pusimos en el suelo. La coge, y fingiendo que vuela sola, la hace aterrizar sobre su brazo. Paralizada de horror, llama para que la ayuden. No ocurre nada. Llama con más fuerza.

ANA
Necesito ser salvada *ahora mismo.*

(La Superheroína, con resignación, entra un paso en el escenario y se para. Mira a su alrededor sin entusiasmo, ve a Ana y suspira profundamente.)

SUPERHEROÍNA
¿Eso es tu *gran* problema? ¿Me has llamado para salvarte de una *mosca*?

(Da media vuelta y vuelve a desaparecer tras el biombo.)

ANA
No, por favor, ayúdame. Estoy en *peligro*. ¡Socorro!

(La Superheroína sale sin ganas. Mira a Ana y sacude su cabeza sin poder creer lo que está viendo. Mira al público para compartir con él su desdén.)

SUPERHEROÍNA
Últimamente siempre se repiten las mismas historias... gente inventando problemillas sin importancia y luego esperando a que acuda volando a salvarlos. Es patético.

(Ana no puede creer lo que está oyendo, sin ceremonias tira la mosca al suelo y da zancadas hacia la Superheroína.)

ANA
Pero es tu trabajo, ¡sálvame!

(Está totalmente atónita. Mira al público, luego mira a la mosca. Se da cuenta de que ya no tiene un problema, así que apresuradamente vuelve hacia la mosca, la recoge del suelo y simula que la ataca en la yugular. La Superheroína se deprime más. Camina hacia el público.)

SUPERHEROÍNA
La verdad es que siempre ha sido así, desde que era pequeña. Imaginaos cómo me sentía ¡Fatal! No he tenido una infancia feliz. Pero eso es una larga historia.

(Toma una larga pausa observando al público.)

¿La queréis oír?

Ana
¡No! Quieren verte en acción, ¡quieren que me salves!

(Mete la mosca por debajo de su camiseta y empieza a gemir de dolor. La Superheroína la ignora.)

Superheroína
Cuando yo era una niña…

(Ana cae al suelo, donde se retuerce agónicamente. La Superheroína fija su mirada en ella y resopla impaciente.)

Me has interrumpido. Ahora voy a tener que comenzar desde el principio.

(Pero en vez de recomenzar solo su historia, se dirige hacia el biombo y desaparece, entra al instante y repite todas sus acciones, comentarios y gestos desde el principio del número, hasta llegar de nuevo al lugar donde se vio interrumpida.)

Cuando era una niña…

(Ana ha estado mirando a la Superheroína con incredulidad. Su rabia comienza a incrementarse. Se saca la mosca de la camiseta y descarga su enfado en ella. Se vuelve un ninja y le aplica golpes de karate. La mosca

cae al suelo, patas arriba. Ella está a la espera de que se mueva, pero cuando no lo hace, se relaja victoriosa. Empieza a cantar el tema de la película Superman. La Superheroína suspira.)

Me has interrumpido de nuevo.

(Sale del escenario como antes, pero al volver a entrar, su capa se engancha con algo y la ahoga.)

¡Ayuda!

(Exagera más su problema; lo lleva al límite. De repente, la cara de Ana se ilumina.)

Ana
¿Necesitas ayuda?

Superheroína
¡Sí!

(Ana salta a la acción, "volando" por todo el escenario como una superheroína. Tatarea el tema principal de la banda sonora de Superman con fuerza, mientras da tres volteretas poco convincentes, intentando que todo parezca más auténtico. Finalmente, acude a prestar auxilio a la Superheroína. Lucha con el biombo y la libera. La levanta en brazos y recorre un semicírculo antes de "volar" hacia la salida.)

3. Construir sobre lo que sale

Si dejas que todo fluya en ti, seguro ocurrirán cosas. Comenzará un juego, la gente reirá, tu cuerpo (que no suele ser tan protector como tu mente) empezará a soltarse; es el inicio, a partir de ahí comienzas a construir. Hasta dónde quieras llegar con cada juego dependerá de ti. Tu payaso se sentirá feliz cuando alcances la frontera, la cruces y sigas explorando. Tu público se sentirá feliz cuando cumplas las promesas que le has hecho y le des incluso más de lo que esperaba.

Tu objetivo debería ser mantener el juego vivo, hacer que avance añadiéndole nuevos elementos o reutilizando elementos ya usados que gustaron, con matices distintos si es necesario. Mantén la acción en escena, sigue la lógica de tu clown (que no es necesariamente la misma que la tuya), sé imaginativo e incorpora o reconoce todo lo que ocurre (incorpora lo que funciona, reconoce lo que no).

Generalmente, es preferible no mostrar la cruda realidad; el público no quiere verte practicando sexo en el escenario (aunque un gesto algo provocador suele incitar a la risa), ni hurgándote en la nariz (aunque sonarse puede resultar muy divertido), ni tampoco tirándote un pedo (aunque hacer ver que te los tiras puede provocar la carcajada de algunas personas). A parte de esto, puedes llevar el juego hasta donde tú quieras, no existen límites, depende completamente de ti.

Hemos utilizado el siguiente ejercicio en múltiples ocasiones, pues les permite a los alumnos practicar todo lo relativo a la propuesta/desarrollo del juego. El ejercicio es adecuado para todo tipo de alumnos, independientemente del nivel que tengan, aunque los principiantes necesitarán un poco de ayuda para no bloquear sus propias propuestas y superar el punto muerto creativo.

Ejercicio 6: 'No sé dónde estoy'

Dos participantes. Se ubican dos sillas en medio del escenario. Entra el primer clown, completamente desconcertado y sin saber por qué está allí, ni dónde está, ni qué se supone que debe hacer. Por hacer una comparación: es como si se acabara de levantar de la cama y, en lugar de entrar en la cocina de su casa, hubiera entrado en un escenario sin saber cómo ha llegado allí. Por ello, el primer clown tiene que estar muy presente, entrar en contacto con el público, hacer una propuesta y escuchar su reacción. El profesor, entonces, pide que entre el segundo clown. A este le ocurre lo mismo que al primero, no tiene ni idea de dónde está, ni de qué debe hacer o por qué está allí. La diferencia es que hay otra persona en el escenario. Ambos tienen que encontrar un juego y jugarlo juntos. Si encuentran una buena manera de poner fin al juego, deben utilizarla para abandonar el escenario y terminar su improvisación en un punto culminante.

Ejemplo

Paul entra tiritando y mira lentamente a su alrededor. Ve un radiador en una pared del escenario y va a pararse delante de él.

Como es invierno, algunos entre el público sonríen. Ha encontrado un juego, ahora tiene que desarrollarlo.

Paul abraza el radiador con cariño, luego intenta sentarse encima, pero es demasiado estrecho. Refriega su cuerpo contra él como un gato.

El público ríe abiertamente. Su juego individual está funcionando.

Sonia entra y mira con curiosidad a su alrededor. Ve a su compañero al lado del radiador y le entran celos. Abre sus brazos en una invitación amorosa hacia Paul ofreciéndole su calor humano.

Sonia: ¿Tienes frío? ¿Necesitas un abrazo para calentarte?

Ella ha aceptado el juego de Paul y lo ha hecho avanzar. Al público le gusta.

Paul se lo piensa un instante, pero se resiste a dejar su sitio caliente; además, no confía del todo en esta mujer que acaba de entrar. Un dilema se apodera de él, no es capaz de elegir entre el tentador abrazo de Sonia y el caliente radiador. Finalmente, su naturaleza suspicaz triunfa y niega con su cabeza; se queda donde está.

No ha bloqueado la propuesta de Sonia, meramente ha añadido un nuevo elemento que ha funcionado. El público ha disfrutado con su exhibición de dudas y la exagerada lucha interna que ha desatado en él.

Sonia, al percatarse de su dilema y escuchar las risas, intenta seducirle con su voz.

Sonia: Doy superabrazos. Soy la abrazadora número uno del país.

Sonia se abraza a sí misma para enseñar lo fantástico que uno se siente en sus brazos.

Ha elevado la apuesta y el público ríe aprobándola, lo que significa que ambos van en la dirección correcta.

Paul entra en duda de nuevo, la oferta de Sonia le atrae mucho. Está claro que con un poco más de persuasión elegirá el abrazo. Sonia capta el mensaje.

Sonia: Soy la campeona mundial de abrazos 2007 y 2008. ¡Dos años seguidos!

Sonia se hincha de orgullo y le muestra la etiqueta interna de su camiseta como prueba irrefutable de sus palabras.

Sonia recibe una carcajada general por su gag de la etiqueta.

La prueba impresiona a Paul. Abandona el radiador con sus brazos abiertos, pero Sonia lo esquiva con agilidad en el último momento y corre directamente hacia el radiador. Lo abraza alegremente soltando un gemido de placer.

Paul ha aceptado lo inevitable y ha permitido que Sonia tenga el poder. El público ríe, agradecido.

Paul está destruido y se tambalea por el escenario. Finalmente, abrumado por lo que siente, se deja caer en una silla.

Exprime el juego y disfruta haciéndolo. El público está encantado.

Poco a poco, amolda su cuerpo a la silla, sorprendido por lo cómoda que es. Reposa sus pies encima de la segunda silla, ahora totalmente contento. Lanza una mirada hacia Sonia y un gemido de placer, en una obvia burla al que ella emitió anteriormente.

El juego de "yo tengo el mejor sitio" continúa, y al estar funcionando, no hay necesidad de cambiarlo.

Sonia está desconcertada. Primero intenta ignorar a Paul, pero su curiosidad puede con ella. Paul exagera sus expresiones físicas y vocales de placer ante la comodidad de las sillas.

Han intercambiado los roles, Paul confiado y Sonia dudosa. Funciona, el público está riéndose.

Sonia, consumida por el deseo de robar el sitio a Paul, abandona el radiador y se le acerca. Con una voz aterciopelada le ofrece un masaje de pies. Paul la mira, preso de nuevo por su femenino encanto, pero se esfuerza por quedarse quieto. Sonia le acaricia un pie.

Ella está reutilizando la seducción, pero con un matiz nuevo. Hay risas. Ahora tienen la estructura del juego y unos cuantos ingredientes cómicos para jugar (el intercambio de roles, la seducción/traición, la duda/el dolor/el placer).

Sonia: Campeona mundial de masajes de pies 2007 y 2008.

Le enseña la misma etiqueta de su camiseta. Paul acepta caer en su trampa de nuevo, levanta sus pies de la silla para ofrecérselos a Sonia. Ella los empuja liberando una de las sillas y se sienta rápidamente en ella, encantada consigo misma.

Sonia: ¡Ja, ja, ja! Me has creído de nuevo. ¡Qué estúpido!

El público ha disfrutado con este segundo cambio de poder, pero los clowns necesitan encontrar una manera de acabar la improvisación. Pueden hacer un tercer intercambio, pero si intentan más de tres corren el peligro de que su juego se convierta en algo previsible y aburrido.

Paul está extremadamente ofendido y se levanta atragantándose. Sonia se apropia de las dos sillas, acomodándose con satisfacción.

Paul pasea furioso por el escenario, refunfuñando. De repente, se para en seco con su mirada concentrada en algo que ve detrás del biombo. Lo que sea que ve le produce asombro. Sale del escenario y, después de una pausa larga, oímos sus enormes gruñidos de placer.

Paul ha encontrado una manera perfecta para finalizar el juego. Su propuesta es fuerte, pero está en las manos de Sonia conseguir la última risa.

Sonia no puede ver lo que produce tanto placer a Paul, pero se muere de envidia. De un impulso se levanta de las sillas para saciar su curiosidad. Lo que ve la hace parar abruptamente, pero inmediatamente vuelve a la seducción.

Sonia: También soy campeona mundial de reiki 2007 y 2008.

Por última vez, muestra su etiqueta antes de salir con sus manos vibrando de energía universal.

Sonia termina el juego volviendo a usar los ingredientes que funcionaron para ella, y recibe la carcajada final que buscaba.

10
Jugando juntos

Improvisar con otros clowns es muy distinto a hacerlo solo, pero no tiene por qué ser más difícil. En realidad, muchos alumnos lo encuentran más fácil, precisamente porque tienen a alguien con quien jugar o en quien apoyarse cuando una propuesta no funciona. Todas las sugerencias que acabo de hacer en el capítulo 9 son válidas para jugar con otros clowns, pero hay otras pautas de las que hablo en este capítulo que te serán útiles.

Antes de abordar la técnica, sin embargo, hay algo esencial que tienes que entender: cuando hay varios clowns en el escenario, todos navegan en el mismo barco, lo cual significa que la responsabilidad de que la improvisación funcione es compartida, son miembros de un mismo equipo, no adversarios. Las ideas para conseguir éxito personal, ganar o eclipsar al otro son simplemente el fruto de una sociedad altamente competitiva. Deséchalas lo antes posible. Cooperar en el escenario provocará mejores resultados.

"Un momento, un momento…", pensarás, "los payasos pueden ser muy competitivos, crueles e insolidarios. Les encanta ganar y a veces pueden llegar a ser enemigos mortales." Sí, es verdad. Puede parecer que jueguen en bandos opuestos; riñen, pelean, incluso se golpean unos a otros, pero se trata solo de apariencias. La verdad es que están trabajando juntos, combinando sus recursos, apoyando las decisiones del otro y elaborando una estrategia común para conseguir un objetivo: hacer reír a su público.

Pasar el foco

"El foco" es simplemente el lugar hacia el que quieres que el público dirija su mirada. Si imaginas un foco iluminando la acción, naturalmente querrás que a veces te enfoque a ti. Lo mismo les ocurre a tus compañeros. Ceder el foco significa dar a los demás la oportunidad de participar, y esto es fundamental cuando hay más de un clown en escena.

Asimismo, si creas más de un centro de atención que se prolongue demasiado, el público se agobiará, pues sentirá que mientras mira una acción se está perdiendo la otra, o bien recibirá una sobredosis de estímulos. Los alumnos inexpertos suelen caer en ello, o en crear demasiado movimiento, sonido o texto, lo que desemboca en caos escénico; pero tiene fácil solución. He descubierto que si sencillamente les explico que las buenas improvisaciones clownescas son muy parecidas a las buenas conversaciones, suelen entender que es tan necesario ser un oyente activo como un comunicador hábil.

En las improvisaciones puedes:
- Tener el foco.
- Compartir el foco.
- Dar o tomar el foco.

Si tienes el foco o lo estás compartiendo, estás haciendo o diciendo algo en lo que quieres que el público ponga su atención. El dar o el tomar el foco es el momento en que este pasa de un clown a otro. Puede ser tan simple como mirar a tu compañero manteniendo tu actitud, pero disminuyendo tu movimiento o participación en la acción, aunque existen otras formas de hacerlo.

Debes tener en cuenta que cuando has pasado el foco a otro compañero sigues visible ante la mirada del público; por lo tanto, tienes que seguir vivo y mantener un interés activo en "la conversación", para que cuando el foco vuelva a ti, sepas exactamente lo que tienes que hacer. Esto también te ayudará a saber cuándo tienes que tomarlo (cuando veas que tu compañero se encuentra en dificultades o espera una réplica) o cuándo tienes que compartirlo haciendo algo que apoye su propuesta.

Cuando cedas el foco, deberás seguir absorbiendo lo que ocurre en el escenario, para poder reaccionar adecuadamente cuando el foco regrese a ti. Expresar lo que sientes o lo que piensas tras una pausa es una forma magnífica de sorprender al público y de conseguir una carcajada. Sabiendo esto, comprenderás que esperar tu turno puede ser tan agradecido como tenerlo.

Compartir el foco funcionará, durante un breve periodo, mientras todos tengan claros los motivos para hacerlo (por ejemplo, por qué compiten, discuten, se enamoran, les posee una risa incontrolable, etc.). Otra forma de compartir el foco es posible mediante la proximidad física. Si están representando ritmos parecidos, tanto emocionales como físicos, el público los verá como una sola entidad. Algunos profesores de clown lo llaman trabajo de gemelos o de familia. Igual que los gemelos, trabajan con acciones y ritmos sincronizados, unidos tanto emocional como físicamente. Actuar así puede ser tremendamente gratificante si la química entre los clowns es intensa, y desde el público es un auténtico placer presenciarlo.

> **Ejemplo de la dinámica del foco**
> Dos clowns. Uno empieza un discurso presentándose a sí mismo y el espectáculo que harán.
>
> *Tiene el foco, el público le mira.*
>
> A sus espaldas, su compañero empieza a burlarse de lo que dice.

Toma el foco. El público se ríe de la burla.

La risa descoloca al que está hablando, pero intenta mantener su discurso, aunque ahora resulta repetitivo y aburrido.

Está dando el foco al otro, reduciendo su energía y su proyección vocal.

Su compañero se entusiasma cada vez más y exagera su burla. La risa va en aumento.

Mantiene el foco consigo.

El clown que hablaba muestra su vulnerabilidad, ¿se están riendo de lo que dice, o hay algo en su apariencia fuera de lugar, o simplemente se están riendo de él? Su discurso empieza a fallar y pierde fuerza.

Ahora comparten el foco, porque aunque su compañero sigue disfrutando, el momento más explosivo ya pasó y el público está perdiendo interés. Por esa razón, el que está burlándose va bajando su energía, y entonces, el foco pasa de nuevo al primer clown.

El primer clown se ha girado y ha descubierto la causa de las risas. Mira fijamente a su compañero con rencor, asumiendo de nuevo una postura de autoridad.

Pasa el foco a su compañero para que pueda reaccionar a ese súbito cambio.

Su compañero reacciona con síntomas de miedo. Se queda inmóvil.

Devuelve el foco rápidamente.

Ambos reaccionan en pequeñas dosis de creciente emoción.

El foco se intercambia cada vez más rápido entre ellos.

La situación llega a su clímax cuando el primer clown intenta dar una bofetada a su compañero. El segundo clown lo esquiva y sale corriendo con el primer clown pisando sus talones.

De nuevo comparten el foco.

Establecer una relación

En el encuentro entre dos personas siempre surge una relación, obvia o sutil, fija o cambiante, profunda o superficial, pero siempre aparece. Si, por ejemplo, observamos personas en una fiesta, podemos ver con claridad no solo el grado de intimidad que tienen, sino también, la química que existe entre ellas (sus niveles de conexión o atracción mutua), su disposición mental (su apertura, interés, reserva, aburrimiento, hostilidad, etc.) y los estados emocionales que les provoca la presencia del otro.

Decidir la relación entre los clowns en una improvisación, es, por lo tanto, de lo más natural, y aporta tal riqueza cómica que no hacerlo carecería de sentido y sería completamente contraproducente. Además, definir los roles o los niveles de intimidad facilitará el trabajo en equipo, y asimismo, si se evidencia lo que cada uno siente hacia los demás, todos podrán jugar con más soltura.

Las relaciones humanas siempre pasan por fases de conflicto, dificultades, malentendidos, incompatibilidades, enfrentamientos, etc.; en fin, son problemáticas. Y como ya hemos visto, de practicamente cualquier problema se puede sacar mucha comedia.

> "La tragedia es una comedia, especialmente cuando le ocurre a otras personas."
> *Lila Monti, clown, Argentina*

Saber cuál es la relación entre clowns a la hora de improvisar requiere tomar algunas decisiones, las cuales pueden:

- Decidirse entre bastidores (entrar cogidos de la mano, o por lados opuestos del escenario, salir los dos al mismo tiempo, o salir en momentos distintos).
- Tomarse al inicio de la improvisación, siguiendo una propuesta (alguien te mira con lujuria o te llama "mi hermano pequeño", "mi gran amigo", etc.).
- Irse definiendo a medida que las relaciones se establezcan naturalmente.
- Venir dadas por el propio ejercicio (se te pide que interpretes un papel concreto: mago/ayudante de mago, reina/criada, conferenciante extranjero/traductor, chef/ayudante de cocina, jefe/empleado, etc.).

En el caso de que la relación no venga dada por el ejercicio, las decisiones que deberán tomarse son:

a) ¿Quiénes son el uno para el otro? ¿Íntimos, conocidos o totalmente desconocidos?

Existen tres tipos de relaciones: las profesionales (chef y pinche, mago y ayudante, etc.), las personales (familia, amigos, amantes), o bien las que se establecen en encuentros con desconocidos (alguien te atraca a punta de pistola, o te guiña un ojo, o intenta venderte algo, etc.). Por lo tanto, puede que se conozcan íntimamente o bien superficialmente, o bien que no se conozcan en absoluto. Cualquiera de ellas permite que fluya el juego.

b) ¿Qué sienten hacia el otro?

Las relaciones pueden ser armónicas o conflictivas. La química que haya entre ellos los inclinará a jugar en uno u otro sentido. Pero no hay que olvidar que el hecho de jugar a ser marido y mujer no implica necesariamente que tengan un sentimiento positivo el uno hacia el otro. O que alguien juegue a ser tu jefe no significa que le trates con respeto.

c) ¿Quién es el dominante y quién el dominado?

En todas las relaciones humanas también hay una relación de poder. Puede parecer prácticamente inexistente, pero te aseguro que siempre está presente, y tiene tanto valor cómico que le he dedicado el próximo apartado. Por ahora, solo tienes que saber que existe, y que a menudo la decisión que debes tomar sobre ella es simplemente la de aceptar tu nivel de poder en el equipo y evidenciarlo.

A los clowns les gusta representar papeles; en eso son como los niños. Hacen ver que son algo mientras eso les divierte. "Ahora soy un... ladrón de bancos... un malabarista... un criado... un amante... un cirujano... una estrella de cine...". ¡Por fin son *alguien*! Así que si te sientes incapaz de definir o aceptar tu relación con un compañero, puedes estar seguro de que estás resistiéndote. Recuerda el "¡sí!" interno y lánzate a jugar con cualquier propuesta. Al fin y al cabo, siempre es al clown a quien queremos ver, al clown divirtiéndose.

> **Ejercicio 7: 'Un minuto para establecer una relación'**
> Este es un ejercicio dinámico y rápido que permite a los alumnos ver lo fácil que es establecer una relación (y el sinfín de relaciones que existen), siempre que aprovechen la oportunidad de zambullirse en una.
> Dos participantes. Tienen que crear todas las relaciones que puedan en un minuto; cuantas más, mejor. Comienzan desde lados opuestos del escenario. A una señal del profesor corren hacia el centro, crean una relación entre los dos (médico/paciente, peluquera/cliente, empleado de banco/atracador, etc.), y luego vuelven a sus posiciones originales antes de juntarse de nuevo y crear la siguiente relación. El profesor cuenta el número de relaciones obtenido por cada pareja, y la pareja con la puntuación más alta "gana".

Poder o estatus

Justo antes de explicar a nuestros alumnos de nivel intermedio cómo jugar con el estatus, les pedimos que hagan un ejercicio simple, pero fascinante. Les decimos: "Vamos a ver quién es la persona más poderosa del grupo". Inmediatamente, hay un cambio de energía en la sala; la gente empieza a cuchichear con entusiasmo, o a reír con inquietud, o a moverse en sus sillas nerviosamente. El poder (propio y ajeno) hace aflorar todo tipo de "bagaje emocional" en los adultos, les mueve a un nivel profundo, y por supuesto, siendo así, es un tema increíblemente rico, cómico y gratificante de convertir en un juego.

Uno a uno les pedimos que entren en el escenario y se encuentren con el clown que ya está en escena. El clown que resulta tener el estatus más bajo de los dos tiene que abandonar el escenario en el momento en que se da cuenta de que su compañero tiene más poder que él.

Me encanta ver cómo se manifiesta el poder en las personas en este ejercicio; cómo les abandona en seguida si intentan "ser poderosos"; lo obvio que es desde el público ver quién tendrá que abandonar el escenario; lo poco que tiene que hacer una persona realmente poderosa para manifestar su poder, y cómo ese poder no tiene nada que ver ni con la fuerza física ni con actitudes agresivas.

Normalmente, sé quién es la persona más poderosa del grupo antes de que empiecen el ejercicio, porque ya se habrá mostrado en el escenario y fuera de este. No implica que haya sido autoritaria (mandando hacer esto o lo otro a los demás), su poder siempre es autónomo. Las personas poderosas simplemente son dueñas de sus propios cuerpos y del espacio a su alrededor, no intentan convencer a nadie de nada, están cómodas en su piel. Miran a todo el mundo a los ojos, les escuchan con atención, pero tienen sus propias opiniones y no tienen reparos en compartirlas. Algunas son conscientes del poder que tienen, otras se sorprenden, como si al haber nacido así, pensaran que todos los demás también lo hicieron.

El ejercicio es, pues, una manera perfecta de introducir visualmente toda la información básica del juego de poder entre clowns. Los alumnos aprenden que:

- Su aptitud natural de jugar en estatus alto o bajo ya está presente.
- Su nivel de poder cambia dependiendo de con quien se relacionen.
- Tienen que aceptar jugar el rol que mejor les va.
- Pueden pasárselo bien con independencia de su estatus.
- Los niveles de poder pueden fluctuar en el transcurso de una misma relación.
- El poder propio se comunica más claramente a través del lenguaje corporal.
- Jugar con el estatus como clowns es divertido.

Una vez que esta información ha sido subrayada y debatida, les hacemos jugar roles en dúos con estatus muy definidos. Les pedimos pensar en personajes que automáticamente crearán diferencias extremas de estatus, como una reina y su criado, una directiva de empresa y su secretario, Dios y un ángel novato, etc. Así, podrán sentir fácilmente los diferentes lenguajes corporales que cada rol requiere y explorar en cuál de los dos papeles se sienten más a gusto.

Jugar cualquiera de los roles debe proporcionar placer a la persona que los interpreta, al fin y al cabo, ambos son clowns; no han de interpretar a una reina o a Dios, sino ofrecer una versión cómica de ellos. Por esa razón, los términos que se usan en clown son "jugar en menor" o "jugar en mayor". Es un juego que realizan juntos, así que, como siempre, deben ayudarse mutuamente para que este funcione.

Los personajes de estatus bajo (jugar en menor) son los que crean líos tremendos. Intentan hacer bien el trabajo que les toca, pero es una lucha constante, ¡hay demasiadas tentaciones para hacer de todo menos trabajar! Así que rápidamente se olvidan de cómo deberían comportarse, y caen en sus naturales excesos de entusiasmo, torpeza, confusión o curiosidad. Como resultado, crean múltiples problemas para el clown que juega el estatus alto. ¡Por su culpa todo sale mal o fracasa!

Los personajes de estatus alto (jugar en mayor) representan la autoridad, pero de todos modos, deben ganarse el cariño del público. Son supuestamente "superiores" de alguna manera, ¡o eso es lo que ellos quieren creer y fingen ser! En realidad son ridículos y lo demuestran por sí solos, o por la provocación del clown que juega en menor. El público es siempre la autoridad más alta en la sala y, por ende, el clown que juega en mayor intentará mantener su dignidad ante él, incluso si todo va terriblemente mal. Para evitar estar constantemente enfadado en estas situaciones límite, tendrá que usar una amplia gama de reacciones (por ejemplo: dudar de sí mismo, tener un ataque de ansiedad, sentirse desesperado, reír, ser bondadoso o generoso, etc.).

Ejercicio 8: 'Crear problemas'
Dos participantes. Uno juega en estatus alto o en mayor, y el otro en estatus bajo o en menor (duquesa/mayordomo, directora de un colegio/alumno, chef famoso/ayudante, etc.). El clown de estatus bajo crea problemas al clown de estatus alto. El de estatus alto acepta las propuestas ofrecidas por su compañero y reacciona variando sus emociones en función de lo que ocurre. La situación tiene que crecer gradualmente y volverse más caótica. Una vez que el juego ha llegado a su cumbre, tienen que buscar una manera de terminar la improvisación y salir del escenario.

Ejemplo 1: El gurú y su discípula
El clown de estatus alto entra como un gurú espiritual. Exagera el estereotipo, haciendo gestos místicos y con un andar ceremonioso. Se detiene para escuchar una voz, que solo él puede oír, y conversa con ella.

Desde el biombo del fondo, su discípula entra en el escenario como en un trance, los dedos de sus manos en un mudra y canturreando "om". No se detiene cuando alcanza al gurú, y continúa hasta llegar a la pared izquierda del escenario. Allí da un cuarto de vuelta y continúa hasta la pared del fondo, donde gira de nuevo en dirección al biombo, hasta desaparecer tras él.

El gurú la ha estado observando con silenciosa incredulidad. Cada vez que su discípula se ha dado la vuelta, su impaciencia ha aumentado, así que cuando ella desaparece del todo, tiene que tomar una profunda inhalación *yóguica*. Acto seguido, fingiendo ser llamado por un poder superior, va hacia el biombo para buscarla.

La discípula entra por el lado opuesto, exactamente de la misma manera que antes, pero esta vez, cuando llega al gurú, se gira hacia el público, y sigue caminando.

El gurú se ve forzado a correr hacia delante para evitar que su discípula choque con el público, perdiendo así toda su fingida espiritualidad. La agarra por los hombros, pero en vez de pararse, sigue caminando sin moverse del sitio. La gira con fuerza enmascarando la violencia del acto con un gesto de bendición exagerado, pero lo termina con un chasquido agresivo frente a su cara. La discípula despierta de su trance y pide perdón efusivamente.

El gurú se desliza hacia el centro del escenario y se sienta sobre un cojín en la posición de loto. En un gesto magnánimo, pide a su discípula que se siente a su lado. Ella intenta copiar su posición, pero resulta demasiado doloroso, así que empieza a probar diferentes posiciones cada vez más ridículas, con la intención de encontrar una que le sea cómoda. Su posición final es estirada boca arriba, usando el cojín de yoga como una almohada. Inmediatamente cae dormida y comienza a roncar.

El gurú la ha estado mirando, perdiendo su compostura poco a poco. Está a punto de llorar cuando ella empieza a roncar. Intenta calmarse con otra inhalación *yóguica*, pero está al borde de un ataque de nervios. Quiere dar su discurso sobre *el amor incondicional*, pero los ronquidos ahogan sus palabras; termina por aprovechar los breves silencios para hablar. Entonces, la discípula comienza a cambiar el ritmo de sus ronquidos y, al final, el gurú se ve obligado a callarse.

El sueño de la discípula se vuelve erótico. Su lengua busca un beso imaginario y el cojín se convierte en su amante. El gurú se levanta de un salto, repite el gesto de bendición y el chasquido de dedos anterior, pero esta vez alargándolo y aumentando su intensidad. Su discípula se levanta sin despertarse y empieza a caminar como una sonámbula; con los brazos extendidos hacia adelante, pero con sus manos en un mudrá y canturreando "om" entre ronquidos. Repite el gag de llegar a la pared, girar y desaparecer detrás del biombo, dejando al gurú tan trastornado de impotencia que no puede seguir con su farsa, y rompe a llorar antes de huir del escenario.

Ejemplo 2: El forzudo

El clown que juega en mayor entra para hacer un número de forzudo. Comienza a enseñar y lucir sus músculos, gruñe y refunfuña para subrayar el esfuerzo realizado.

El clown que juega en menor, Hugo, entra en escena como un espectador. Es altísimo y de constitución robusta, pero es un gigante manso. Observa el numerito de su compañero, intrigado. El forzudo, contentísimo consigo mismo, muestra sus bíceps en una pose típica, y la mantiene mientras mira a Hugo, esperando ser admirado por él.

Hugo saca de su bolsillo con delicadeza un pañuelo de papel y se suena ruidosamente. Está a punto de guardárselo de nuevo cuando se da cuenta de que está mojado. Intenta secarlo en el aire, y soplar sobre él sin éxito. Se detiene un instante al ver los brazos del forzudo, luego se le acerca para extender el pañuelo sobre uno de sus bíceps. Lo estira minuciosamente para que se seque bien, como quien tiende ropa recién lavada.

El forzudo lo arranca de su brazo y lo tira al suelo, irritado. Vuelve a su pose y a sus gruñidos.

Hugo recoge el pañuelo y lo alisa de nuevo. Mira al forzudo, ve que su frente está empapada de sudor, así que, con un gesto muy pulcro, aplica el pañuelo encima del sudor. El pañuelo se queda pegado, cubriendo la cara del mayor.

El forzudo, iracundo, arranca el pañuelo y vuelve a su "show". La intensidad de su emoción le hace escupir involuntariamente al gruñir de nuevo.

Hugo, sensible al volumen de los gritos, muestra su incomodidad. Está tenso, pero aun así, al ver la saliva en el labio del mayor, recoge el pañuelo del suelo y la limpia con delicadeza. Después, lo cuelga en el cuello de la camiseta del mayor, como si se tratara de un babero.

El forzudo arranca el pañuelo, lo rompe en dos como si fuera algo difícil de hacer y tira los dos trozos al suelo. Amenaza gestualmente a Hugo, pero tratando de que sus gestos aparenten formar parte de su espectáculo de forzudo. Suelta un grito de Tarzán en su oreja.

Hugo recoge los trozos de pañuelo y se mete una mitad en cada oreja. Se le ve ridículo.

El forzudo percibe que Hugo está distrayendo la atención de su público. Camina con determinación hacia Hugo y arranca los papeles de sus orejas, resoplando desprecio en su cara.

Hugo mira al público y luego mira al forzudo. Inhala profundamente, asumiendo toda su altura y grandeza, luego suelta un rugido potente, como un oso defendiendo su territorio.

El forzudo se asusta, mira a Hugo con pánico. Mira urgentemente a su alrededor, buscando la salida de emergencia. Ve una puerta en el fondo de la sala y se va corriendo hacia ella, chillando como una niña pequeña.

Hugo se gira hacia el público manteniendo su estatura de oso, pero ahora sonríe. Mientras sale tranquilamente del escenario imita algunas de las poses del forzudo. Le vemos contento, disfrutando del momento.

11
La casa encantada

Si me preguntaras: ¿Qué es lo peor de aprender a ser clown? ¿Quedarse en blanco, no saber si el público está riéndose de ti o contigo, fracasar constantemente, mostrarse vulnerable? Yo te respondería: No, lo peor del aprendizaje de este oficio son los fantasmas.

¿Fantasmas? Pues sí, aquellos fantasmas que están siempre esperando el momento más inoportuno para aparecer, por ejemplo: justo antes de salir al escenario o cuando la risa brilla por su ausencia entre el público. Fantasmas variopintos, capaces de darte un inesperado susto mortal, encogerte el corazón momentáneamente y hacerte pasar un disgusto más o menos duradero. Me refiero a los fantasmas psicológicos que vagabundean por tu interior, a tus miedos ocultos.

Leones y fantasmas

Hay dos tipos de miedo. El miedo que se vive ante una amenaza real y el miedo que se siente ante una amenaza imaginaria. Las reacciones corporales ante ambos miedos son las mismas: palpitaciones rápidas, tensión muscular, subida de adrenalina, dilatación de las pupilas, etc. Estas reacciones instintivas de supervivencia nos ayudan a protegernos en situaciones peligrosas. En cambio, el segundo tipo de miedo arranca de amenazas imaginarias, no de un peligro auténtico, sino solo de una percepción de peligro, y entonces las reacciones corporales entorpecen nuestra capacidad de accionar adecuadamente.

La diferencia sería como encontrarte ante un león salvaje o escuchar de madrugada, en tu casa, ruidos extraños producidos por el viento. Con el león más vale que tu cuerpo se despierte, genere fuerzas y actúe con cautela, porque tu supervivencia depende de ello, pero no es el caso con los ruidos del viento en tu casa. En realidad, ¿qué te mantiene paralizado de miedo en tu cama? Simplemente tu imaginación, que ha creado un fantasma donde no lo hay, un fantasma que viene a hacerte la puñeta.

El cerebro, que envía los mensajes al resto de tu sistema, por naturaleza es muy susceptible. Además, como tiene todo archivado en una misma carpeta, ante la posibilidad de sufrir dolor (físico o emocional) no distingue entre lo real y lo imaginario. Por eso, cuando se encuentra ante una amenaza imaginaria, que le lleva a creer que su organismo puede sufrir dolor, manda de inmediato una orden al cuerpo: "¡Reacciona!", y tú, la persona que recibe la dosis de adrenalina que te acelera el corazón y te deja sin respiración, solo captas el mensaje principal: "¡Peligro!". Si no tomas conciencia de lo que realmente está pasando, el miedo se apoderará de ti y te convencerá de que "¡algo terrible está a punto de pasar!". Sin embargo, si rompes por un instante el círculo vicioso que intenta llevarte al abismo, si respiras, recapitulas y reconoces que solo es el paso de un fantasma, podrás relajarte y sonreír de nuevo.

El importante papel del corazón

A diferencia de un actor que puede "esconderse" detrás de su personaje, su texto y la cuarta pared, el clown tiene que mirar al público y permanecer abierto a lo que allí ocurre. Así que para él, o más bien para la persona que le da vida, es muy difícil distanciarse para ver su trabajo profesional con perspectiva hasta llegar a tener muchas tablas. Al principio, cuando sale al escenario no sabe discernir dónde está el fallo; todo está mezclado: su talento, su confianza, su material, su expresión corporal y vocal, su habilidad con el público, su control de los tiempos, su imaginación, su carisma, sus reacciones improvisadas. Es como examinarse en diez materias al mismo tiempo, y, por mucho que supere la prueba en una función, no hay ninguna garantía de éxito en la siguiente. Sabe que la mayoría de personas de su público van a juzgar su talento artístico en una sola actuación. Los factores variables (su estado de ánimo, las dificultades técnicas, el horario y el lugar de la actuación, las interferencias sonoras, el tamaño y el estado anímico de su público, etc.) solo los conoce él. De una actuación a otra puede variar tanto su sensación global de lo que ha hecho que cuando alguien se le acerca y le dice que le ha visto actuar, inmediatamente se pregunta: "¿Dónde y cuándo?".

La receptividad del público hacia un clown depende en gran parte de la confianza que este tenga en sí mismo. Una persona con poca experiencia escénica es muy susceptible a imprevistas pérdidas de confianza y, por ende, no sabrá cómo manejar la repentina tensión interior. Admitir el miedo que siente le parecerá un suicidio (a fin de cuentas, está en el escenario para hacer reír al público, no para que este le asegure que todo está bien), así que intentará continuar con el espectáculo como si nada. Sin embargo, el miedo habrá cerrado su corazón y, en consecuencia, su actuación cambiará, sutil o manifiestamente. Sus defensas tomarán el mando, sin que ni siquiera sea consciente de ello, e intentarán remediar como sea su incomodidad. Lo normal es que esas defensas alteren demasiado su energía y que sus efectos sean desastrosos. Por ejemplo, perderá los tiempos cómicos por acelerarse, la rabia se apoderará de él, lo cual le empujará a ser demasiado rebelde o agresivo; se instalará en reacciones automáticas o se bloqueará.

El hecho de que el público ya no responda positivamente, o de que él no sea capaz de escuchar su reacción si la hay, reforzará aún más el miedo que siente. El público se transformará en su enemigo, y a partir de ahí su actuación entrará sin remedio en una especie de espiral descendente. Un clown con el corazón cerrado es como un paracaidista sin paracaídas: está condenado a acabar mal.

El miedo como desafío

En los cursos de clown y como clown profesional hay que enfrentarse a muchos fantasmas, a montones de miedos imaginarios que pueden hundir, abrumar, desmoralizar y paralizar a cualquiera: miedo escénico, miedo al ridículo, miedo a no estar al altura, miedo al fracaso, miedo al éxito, miedo a mostrarse vulnerable, miedo a perder el control. ¡Uf! No me sorprende que muchos se pregunten "¿Qué hago aquí?" o que no encuentren la suficiente valentía para continuar.

¿Cómo combatir el miedo cuando intenta apoderarse de ti? ¿Cómo superarlo definitivamente? Entrar en batalla con uno mismo es una opción agotadora que desperdicia valiosa energía, que podría ser empleada en otras actividades, como amarse, escucharse y reírse de uno mismo. Además, es mucho más provechoso tratar de entender el miedo y vivirlo como un desafío.

La respiración, empleada en todas las técnicas de relajación, es un arma poderosa contra los síntomas físicos del miedo. En cuanto a los síntomas psicológicos, creo que solo hay un arma válida: la acción. Siente el miedo, pero sal y muéstrate de todas formas. Es el camino más corto que conozco para liberarse de los peligros imaginarios y el que más refuerza la seguridad personal. Si pasas a la acción, hallarás la "X" del mapa del tesoro. Excava un poco y encontrarás algo valioso.

Perder el miedo al miedo

Consciente de que el miedo encerrado es nocivo, como profesora intento ayudar a mis alumnos a reconocerlo cuando aparece, así como a expresarlo, compartirlo y canalizarlo. Esto evita que se les cierre el corazón. Naturalmente, puede llevar más tiempo combatir los miedos antiguos, y hay que respetar el proceso de cada uno. En consecuencia, si bien les invito a que acepten mi ayuda, son ellos los que tienen que sentir que están preparados para pasar a la acción.

Empujarles contra su voluntad sería sin duda contraproducente, pues sé por experiencia propia que la voluntad desempeña un importante papel. Tomar la decisión de superarse es ya de por sí un gran paso que merece la enhorabuena. Evidentemente, también ayuda el hecho de ver a los compañeros entrando en acción y saliendo ilesos, incluso felices, pues esto crea la motivación y la red de seguridad que todo alumno necesita. En nuestros cursos establecemos, además, un ambiente de confianza que propicia la desinhibición, la apertura y la desdramatización.

¿Qué pasa cuando no toman en serio sus fantasmas, cuando los sacan a la luz del día, cuando les dan un tratamiento teatral exorcizante? Con una nariz roja puesta pueden optar por reaccionar ante ellos de manera completamente distinta; pueden jugar con el miedo en sí o con el hecho de sentir miedo. El clown confronta a los fantasmas al evidenciarlos y utilizarlos de igual manera que utiliza el fracaso. Si les abre la puerta de par en par, puede crear todo un número con ellos. He sido testigo de actuaciones hilarantes con alumnos que han podido transformar lo que estaban sintiendo en una auténtica obra de arte. Desde luego, sus fantasmas disminuían de tamaño cada vez que lo hacían y con el tiempo su miedo acababa por desaparecer para siempre.

"Si entras en el juego del payaso, te liberas de un plumazo de tus absurdos miedos. Y una vez que has mostrado todo tu lado oscuro ¿qué más queda?, solamente tu lado brillante. Acabas de obtener el poder del que no tiene nada que perder, porque ya lo ha perdido todo."

Alberto Tugores, clown, España

El miedo escénico

La Wikipedia (versión inglesa) describe el miedo escénico de esta manera: "Una ansiedad, fobia o miedo relacionado con una actuación delante de un público o cámara. Esta forma de ansiedad puede preceder o acompañar la participación en cualquier actividad que suponga la presentación de uno mismo en público".

O sea, es la preocupación por las posibles consecuencias negativas de exponerse en situaciones públicas, incluidas actividades sociales, laborales o deportivas. Y los posibles efectos de tal preocupación son impresionantes:

- *A escala fisiológica:* Respiración acelerada, alteración del ritmo cardíaco, sudoración copiosa, urgencia urinaria, malestar estomacal, dolor de cabeza, reducción de la secreción salivar, dilatación de las pupilas, rubor facial, sensación de cierre de la laringe, náuseas, inquietud generalizada.
- *A escala cognitiva:* Congestión mental, fallos de memoria, expectativa de fracaso, hiperatención autocentrada, exageración perceptiva de los fallos, confusión mental, fallos de concentración, autoexigencia, temores al fracaso, al rechazo y al ridículo.
- *A escala conductual:* Evitación de la acción, escape de la situación, comportamientos automáticos,

farfulleo o atropellamiento verbal, tartamudeo, bajo volumen de voz, silencios frecuentes o largos.

El caso de Marina

Marina era una mujer de 35 años, psicóloga profesional, de aspecto dulce, pero al salir por primera vez al escenario fue presa de convulsiones corporales en sus extremidades. Su tensión interna era palpable, y era absolutamente incapaz de mirarnos, ni siquiera brevemente, sin que estas reacciones aumentaran considerablemente.

Para ayudarla a salir del bucle de nervios en el cual se encontraba atrapada, me levanté y me acerqué a ella. Hice esto porque sé que el estrés del miedo escénico disminuye cuando se comparte —la mente se relaja un poco y la sensación de peligro disminuye, pues la atención no es exclusivamente para uno—. Al llegar a su lado, puse mis manos en su barriga y su espalda, a la altura del "hara" (el centro energético situado dos dedos por debajo del ombligo). Es el centro que activa la fuerza vital, y respirar desde allí es muy eficaz contra el miedo. Marina tenía que concienciarse de las reacciones de su cuerpo ante el peligro imaginario, e intentar relajarse. Era primordial que conectara con una respiración profunda.

Le susurré al oído: "Cierra los ojos, planta tus pies en el suelo, dobla un poquito las rodillas y deja caer tu peso hacia abajo, hacia las plantas de tus pies. Sí, así, muy bien. Olvida todo lo demás. Respira cada vez más hondo. Deja que la respiración entre en las partes de tu cuerpo que se agitan. Relaja cualquier tensión que sientas en tus músculos. Bien, vas muy bien". Sentía, a través de mis manos, las aceleradas palpitaciones de su corazón, pero también estaba sintiendo la energía que emanaba del resto del grupo. Todos, sin excepción, estaban mandando energía positiva hacia Marina; el ambiente era eléctrico.

Instintivamente, la estaban apoyando en silencio, y no porque la conocieran bien (era el primer día del curso). Fue una respuesta natural; deseaban verla superar su miedo.

Seguí susurrándole ánimos al oído, hasta que escuché que su corazón palpitaba con normalidad y la vi tranquila. Entonces le dije: "Ahora vas a abrir tus ojos y observar a la gente que tienes adelante. Recuerda, puede que ellos te estén observando, pero tú también les observarás a ellos. Míralos uno a uno, sin prisa. Y si sientes alguna incomodidad simplemente cierra tus ojos y vuelve contigo de nuevo". Marina abrió los ojos y mantuvo la calma corporal. Miró individualmente a los miembros del público, mientras respiraba hondo. Su punto de concentración había cambiado; era el centro de atención, pero de una manera totalmente nueva. Se había instalado a sí misma en el centro, su centro, y desde allí pudo diluir el temor a la mirada ajena.

Esta era la primera salida al escenario de Marina. En las siguientes se soltó cada vez más ante la mirada jubilosa de todos los presentes. Nos hacía reír hablando consigo misma, mandando a su cuerpo aquietarse. "¿Quién manda aquí?", preguntaba a sus piernas temblorosas "Yo soy la jefa, ¡quietas!". Sacó de sí una fuerza inesperada y le encantó sentirla. De hecho, yo diría que le proporcionó un placer enorme, porque cada vez que volvía del escenario su cara estaba iluminada, sus ojos brillaban y sonreía de oreja a oreja.

Da igual cuál fuera la raíz del problema que atormentaba a Marina. Lo importante era saber que podía ser superado. El hecho de que alguien con miedo escénico se apunte a un curso de clown, dispuesto a vivir la experiencia, es más que recomendable. Marina, por muy tímida que pareciera, tenía mucho valor. Tenía claro que quería enfrentarse a sus fantasmas y romper sus moldes. Tomar la decisión de hacerlo resultó clave. Siempre que uno establece un objetivo y lo cumple aumenta su autoestima. Así que si eres presa del miedo escénico, ve fijando objetivos alcanzables y felicítate a menudo. Te dará la confianza para seguir aprendiendo a transformar el miedo hasta superarlo del todo.

El miedo al ridículo
Nuestro deseo de ser "normales" se despierta en la adolescencia. Al querer ser aceptados por nuestros compañeros, intentamos evitar a toda costa ser tildados de "raros". En esta fase de miopía pubescente no vemos que el mundo es muy diverso y que lo que es normal en una sociedad, puede estar muy mal visto en otra. La normalidad es cuestión de consenso. Nos damos cuenta de esto al volvernos adultos. Buscamos, entonces, a gente con los mismos gustos e intereses, porque así estos pasan a ser normales.

Pero somos seres sensibles, y algunos no han recibido ayuda o amor a tiempo. Lo que provoca el miedo es la posibilidad de sentirse juzgado. Desgraciadamente, al intentar evitar las situaciones donde se puede sufrir el ridículo, se pierden un sinfín de oportunidades de disfrutar. La inhibición es equivalente a la autorrepresión.

El caso de Ana
Ana vino a un curso de iniciación con la intención de enfrentarse a su miedo al ridículo. El primer día se sentía inhibida cada vez que salía, hecho que compartió con sus compañeros abiertamente, al explicar que lo relacionaba con un sentimiento de su infancia, el de siempre pensar que cuando la gente reía, se reían de ella y no con ella.

Se sentía atrapada, pero quería cambiar. Después de oírla, compartí con ella lo que le decía a mi hija Amara cuando de pequeña hacía o decía algo estúpido que a mí me provocaba la risa, lo cual no le hacía ninguna gracia: "Caramba, pero acabas de hacerme reír, ¡gracias!, es fantástico que me provoques alegría, es un gran placer poder reír". Amara tiene ahora integrado que puede ser que me esté riendo de algo que ha hecho, pero no por eso la estoy juzgando globalmente, ni tachándola de estúpida o torpe, y entonces puede reír conmigo.

Ana estuvo muchos años atascada en un sentimiento de vergüenza ante las risas de los demás. El segundo día la vi luchando consigo misma toda la jornada. Se esforzaba para salir y participar, luchaba para hacer lo que le pedíamos, pero se le hacía cuesta arriba. Por la tarde percibí que estaba exhausta y frustrada, así que le dije: "No veo que estés disfrutando y eso me preocupa, porque no puedes hacer reír a tus compañeros si tú no disfrutas. Por favor, no te esfuerces más por salir. Date el permiso de quedarte sentada y relajada y sal solo si realmente lo puedes hacer sin que sea una lucha". Nada más oír mis palabras rompió a llorar; la lucha había terminado. Prometió respirar en todo momento y relajarse.

Al tercer día la vi dispuesta a ser ella misma. A veces estos milagros ocurren de un día para otro; el descanso, los sueños, la distancia o el compartir con otros, todo ayuda a asentar la lección. En su primera salida del día fue vital y expresiva, riéndose de su propio nerviosismo. De repente la vi relajada, y allí estaba, una mujer bellísima, suelta y disfrutando de las risas que ella, por ser como era, recibía del público.

Así lo describió en un correo electrónico que nos mandó una semana después del curso: "Y sorprendentemente reconocí a la payasa que llevo dentro arrancando sonrisas y disfrutando de la vergüenza y el ridículo de simplemente sentir hacia fuera."

Es condición del ser humano querer ser amado por quién es y por cómo es, y es condición espiritual que todo amor empieza en uno mismo. Cuando Ana no se amaba haciendo el ridículo, no podía aceptar las risas (el amor) de los demás.

Aprender a ser clown es el reto perfecto para los que sufren miedo al ridículo. El clown es como es, juega con eso. No solo quiere estar ahí delante de la gente, sin más; quiere ocupar su espacio y su tiempo, quiere existir a lo grande, quiere entrar en sus corazones. Es un ser generoso, con sus habilidades y torpezas, con su inevitable humanidad. Es ridículo, sí, pero al admitirlo es mucho más libre.

El miedo a no estar a la altura

"¿Valgo o no valgo?" es una pregunta que muchos suelen hacerse respecto a la técnica clown, ¡incluido profesionales con años de éxito a sus espaldas! Y la respuesta siempre depende de su nivel de autoestima al momento de hacer esa reflexión.

La autoestima es la opinión que tienes de ti mismo. Con una opinión negativa (momentánea o permanente) sobre tus habilidades como clown te convencerás de que es mejor abandonar. Piensas: "Mi actuación no convencerá a nadie", "hay mejores clowns", "¿a quién pretendo engañar?", "mis capacidades no son suficientes". Si te comparas con tus compañeros de clase, con tus colegas profesionales o con tus ídolos, probablemente salgas mal parado. "Nadie se ríe... ¡qué tortura! No valgo. Debo de ser aburrido".

Por favor, no te recrees en ilusiones. No dejes caer tu autoestima, pues de ella depende la confianza, sin la cual será difícil que tu payaso brille. Nadie se compara con un animal, ni se siente menos por no ser tan rápido, fuerte o ágil, pero todo el mundo lo hace con sus congéneres. La mentalidad competitiva intenta confundirte, pero no te dejes engañar, puede que alguien sepa hacer cosas que tú todavía no puedes hacer, pero no por eso vale más que tú. Ser reconocido tiene sus ventajas y desventajas, lo mismo que ser uno del montón. Hacer giras mundiales suena maravilloso, hasta que tienes que vivirlas alejado durante meses de tus seres queridos, con las maletas a cuestas, dormir siempre en hoteles y comer mal. Puede ser más placentero actuar al lado de casa, y más satisfactorio hacer sonreír a un niño hospitalizado que recibir una ovación de multitudes.

El caso de Juan

A Juan le tocó un grupo de personas muy sueltas y confiadas. Aunque no era la única persona que sufría timidez, era él quien siempre salía a realizar los ejercicios con el arquetípico traje de niño bueno. Obviamente no conseguía risas fácilmente, aunque logró superar su miedo por unos preciosos instantes siguiendo nuestras indicaciones. Después de solo cuatro horas, al final de la primera mañana, hicimos una rueda para compartir, y Juan ya estaba dispuesto a tirar la toalla. "¿Debo preguntarme si valgo para esto?", nos preguntó. Sin ser consciente de ello, dio directamente en el clavo: ¿valgo o no valgo?. "Pues… puedes llegar a ser un excelente clown si no pones en duda tu capacidad de serlo", le dije.

Claro está, yo no podía pretender que Juan se desprendiera allí mismo del bagaje mental y emocional acumulado durante años. Con todo, me parecía que podía ayudarle a cambiar su perspectiva hacia el trabajo, así que le dije: "Tienes que pensarlo de esta manera; quizá todavía no eres un buen clown, lo cual no es de extrañar después de cuatro horas, pero en vez de valorarte por el resultado, intenta valorar el proceso. No te juzgues, no te pongas una mala nota y a los demás una buena. Estás haciéndolo lo mejor que puedes, y eso está bien".

Juan sonrió y luego estalló en carcajadas. Cuando se recuperó del ataque de risa, nos dijo: "Tengo 35 años y acabo de darme cuenta de que soy estúpido. ¡Qué bueno! De repente, he tenido una visión de mí mismo al final de todos los concursos escolares en los que participé sin conseguir nunca un premio. ¿Podéis creer que sigo con las ganas de ganar en algo, de llevarme una copa a casa? Creo que la próxima vez que salga intentaré ser un perdedor contento". Todos asentimos que sería muy divertido verlo, y así fue. Se quitó el traje de niño bueno y se permitió jugar al niño desvalido, con tanto entusiasmo que cada comentario suyo arrancó aplausos espontáneos del público.

El miedo a perder el control

Este es el miedo más extendido en nuestra sociedad. De hecho, creo que hay pocas personas que estén totalmente libres de él. El miedo al descontrol se manifiesta de varias formas:

- *Autocontrol*: Por medio de los pensamientos, de la conducta o de las emociones.
- *Control de los demás*: Por medio de la manipulación, el chantaje o las agresiones.
- *Control del entorno*: Por medio del orden constante, la previsión excesiva o complejos sistemas de seguridad.

Controlar en sí no es algo que podamos ni debamos evitar. Hay formas de control que son necesarias para el buen funcionamiento de la sociedad, pero incluso la sociedad reconoce la necesidad del carnaval, la importancia de perder el control, del desmadre, del caos y de la locura.

El clown es pariente cercano de Carnestoltes (el personaje que da la bienvenida al Carnaval en Cataluña), pues también le encanta el descontrol, la exageración, el hacer sin pensar en las consecuencias. Darle vida es dejar brotar tu sana locura. Si intentas limitarle, se esfuma. Y si intentas controlarle, apagas su entusiasmo creativo.

Muchos intentan no perder el control en nuestros cursos, empeñándose en intelectualizar, bloquear, imponer y acabar el curso sin haberse despeinado.

- *Intelectualizar*: Pensar antes de accionar. Quieres que salga bien, y entonces, piensas primero, decides lo que vas a hacer y luego ejecutas.

    Antídoto: Di que sí, sorpréndete, sé espontáneo, no prepares nada, haz lo primero que se te pase por

la cabeza. No decidas de antemano lo que va a captar tu interés o el interés de tu público.
- *Bloquear*: Controlar una situación en vez de jugarla. Es cuando dices "no" a una propuesta de juego, cuando te aferras a tus ideas, cuando cambias el juego antes de haberlo probado, cuando no escuchas al compañero, cuando ignoras la propuesta, cuando no permites que las cosas ocurran o avancen.

    Antídoto: Presta atención, acepta las ideas que surjan, intenta hacer algo con la propuesta que haya, di "Sí y..." con la intención de desarrollar el juego. Arriesga.
- *Imponer*: Dar órdenes a los compañeros o al público. "Haz esto, ven por aquí, mira hacia allí". Manipular físicamente al compañero. No darle la oportunidad de entrar en el juego.

    Antídoto: Interesarte en tu compañero, cuidarlo, aceptar que formáis un equipo. Sugerir y proponer. Encontrar maneras creativas de conseguir lo que quieres.
- *Control de la imagen*: Bailar siempre de la misma manera. Sentir vergüenza de estar desaliñado o despeinado. Cualquier rigidez física no congénita.

    Antídoto: Confiar en tus capacidades de sobrevivir al desorden, ser flexible, sentir las necesidades de tu propio cuerpo, relajarte, soltarte el pelo, inspirarte en alguien que conoces y que se mueve con soltura, que suda, se ensucia o es excéntrico en su manera de vestir.

El caso de Xavier

Xavier tenía 32 años y era actor. Era discreto y atento, con un aspecto pulido que mantenía siempre intacto. Era un buen profesional;

sus movimientos eran limpios y precisos, sus ojos daban expresión a los cambios internos más sutiles y sabía con creces estar cien por cien presente en el escenario. Por todo eso, y también por su gran capacidad de asimilación, en seguida encontró su clown y empezó a darle vida. Su clown era una combinación extraordinaria de niño inocente y adulto lúcido. Nos robaba el corazón con su ternura y nos estimulaba a reír a carcajadas con sus comentarios agudos y siempre acertados.

Cada día asimilaba la información dada y avanzaba unos pasos. En el escenario, le vimos disfrutando como un niño en un parque de atracciones. Era siempre el primero en ofrecerse como voluntario, y se le veía reticente a tener que abandonar el escenario. Sobre todo, le suponía un placer evidente fracasar, aunque casi le era imposible por el talento cómico que poseía. En los espacios para compartir era más bien callado y se limitaba a preguntas técnicas. No fue hasta el final del curso, en la rueda de despedida, cuando hizo un comentario personal, y entonces lo que dijo nos dejó a todos pasmados.

> *Hoy me he levantado de la cama, he mirado el desorden de sábanas, mantas y almohadas, y he decidido dejarlas tal cual. ¡No he hecho la cama! Eso era impensable para mí hasta hoy. Toda mi vida he sido incapaz de ver desorden en casa y no hacer nada. No me lo había ni cuestionado hasta hoy. Pero esta mañana mi clown hizo un comentario inesperado, me dijo "¡Déjalo!". Y de repente tuve el impulso de saltar encima de la cama y hacer una lucha de almohadas con mi compañero de piso. No lo hice, ¡pero creo que esta noche se lo propondré!*

El miedo al éxito

Normalmente, somos inconscientes del miedo al éxito, aunque aparentemente triunfar es lo que más deseamos. Sí, queremos el éxito, pero tenemos reservas; puede que temamos:
- Perder algo: la independencia, la libertad, el tiempo de ocio, las amistades, etc.
- Que nos haga cambiar: como somos, como nos comportamos, nuestra imagen, etc.
- No tener el control: que nos utilicen, que nos engañen, etc.
- Tener que cumplir las expectativas: más presión, más estrés, más responsabilidad etc.

En realidad, solo hay dos motivos por los que no disfrutamos del éxito de nuestro clown: la culpa y el miedo. No disfrutamos si nos sentimos culpables de romper alguna regla interna o social (seamos o no conscientes de tenerla), por ejemplo, el convencimiento de que "no debería disfrutar cuando hay gente aquí que está sufriendo", "no sería justo tener más éxito que mis compañeros", "mostrarse orgulloso es feo", etc. Y no somos capaces de disfrutar si tenemos miedo a unas consecuencias negativas, por ejemplo, al pensar cosas como "no me querrán si tengo más éxito que ellos", "no merezco estos aplausos", "el placer siempre viene acompañado por el dolor" o "si subo demasiado caeré de más alto".

Querer ser clown es un primer paso; provocar las primeras risas, otro, y disfrutar en escena, uno más. Pero saber crear y aprovechar los éxitos requiere experiencia. Los estudiantes sin miedo al éxito logran concienciarse poco a poco de que son ellos quienes manejan el juego. Con el tiempo, entienden la conexión entre sus acciones (sus gestos, palabras, pausas, etc.) y las reacciones positivas del público; van cobrando conciencia de las técnicas que emplean y las utilizan con más y más seguridad. Llegan finalmente, a integrar toda su sabiduría, y disfrutan tanto saliendo al escenario que ya no les supone ninguna dificultad, pues pueden encajar el fracaso o aprovechar el éxito, y están dispuestos a "lo que sea".

El caso de Berta

Berta era una clown innata, una de esas personas que son divertidas en sí mismas. Tenía mucha imaginación, una amplia expresividad y un tiempo clownesco excelente. Pero tenía un gran problema: no podía mirar al público. Cuando volvió a sentarse después de improvisar por primera vez, comentó: "¡Qué sufrimiento! Lo he pasado fatal". Era muy extraño, pues en el escenario aparentaba estar muy suelta, incluso parecía gozar estando allí, hasta el punto de que provocaba carcajadas constantes. Pero internamente, se sentía inquieta, en lucha consigo misma.

Para ayudarla a ver que no tenía nada que temer, que había tenido un gran éxito, pregunté al grupo "¿Verdad que ha estado estupenda?", y todos asintieron. Berta escondió su cara y expresó su rechazo soltando un "¡Noooo!", lo que nos hizo reír de nuevo. En cuanto levantó la vista, le dije: "¿Escuchaste?", "Sí, sí", dijo con su voz bordeando la tristeza.

El segundo día su lucha interna salió a flote. No pegó ojo la noche anterior y sus defensas estaban más débiles. Yo la animaba a mirar al público y recibir su amor en forma de risas, para así alimentarse de su éxito, pero eso solo le producía más malestar. Sin embargo, como clown expresaba a la perfección ese malestar y nos tenía a todos otra vez disfrutando con su locura, pero cuanto más la aplaudíamos, más incómoda se la veía. Al final del día ni siquiera era capaz de salir de detrás del biombo, aunque incluso sin salir nos hacía llorar de la risa, porque expresaba desde allí su dilema, la desesperación que sentía al ser valorada.

Seguí mi instinto y mandé a cuatro chicos fuertes del grupo a que la levantaran suavemente y la trajeran al centro del escenario, donde rompió a llorar, lo que de verdad me alegró. Nunca es mi intención forzar a nadie enfrentarse a un miedo, pero cuando se trata del miedo al éxito, lo que hay detrás es el miedo a recibir amor. Y llorar es abrirse a recibir amor. Es una señal de renuncia a la lucha, de rendición, de modo que pedí a todo el grupo que la envolviera en un abrazo. Berta, desde su interior, susurraba "Gracias", una y otra vez.

Tu casa encantada

> "El miedo es mi compañero más fiel, jamás me ha engañado para irse con otro"
> *Woody Allen, cineasta, Estados Unidos*

Como no es mi intención engañarte, no te diré que los fantasmas te abandonarán en el momento en que abraces tu clown. Seguirán rondándote e intentarán asustarte, y hay que aceptar que quizá lo consigan de vez en cuando. Superar los retos escénicos (como despertar la energía de un público apático, confiar en momentos difíciles, reaccionar ante la crítica ajena, encajar problemas técnicos imprevistos, etc.) forma parte del aprendizaje. Además, cada nuevo nivel alcanzado (actuar por primera vez ante un público de pago, actuar en un festival importante, estrenar un nuevo espectáculo, etc.) supone enfrentarte a nuevos retos. Por ser pruebas importantes para uno mismo, los desafíos suelen ser propicios para que salgan a relucir los fantasmas, pues les encantan las oportunidades que les ofrecen las situaciones de incertidumbre. Por eso es tan importante aprender a manejarlos en las primeras etapas del aprendizaje clown. A los fantasmas no hay que tomarlos en serio, ni otorgarles peso. Es mucho más fructífero reconocer lo que son y usar esa viva imaginación (la misma que crea esos fantasmas) para ponerle una nariz roja a cada uno cuando aparece.

12
El objeto del deseo

En los ejercicios de clown hay muchos paralelismos con la vida real, por eso, verlos o participar en ellos puede ser tan catártico. El ejercicio 9 nos muestra en versión comprimida el ciclo frustrante, pero a la vez estimulante de todo logro humano. Pocas veces queremos algo y lo obtenemos en el mismo instante. Tampoco nos daría tanta satisfacción lograrlo si no tenemos que esforzarnos previamente. Recuerdo la carcajada colectiva que provocó una alumna cuando, en una improvisación, advirtió a su compañero, "Quiero ganar esta carrera, pero ¡que no sea demasiado fácil!".

> **Ejercicio 9: 'El objeto del deseo'**
> La siguiente es una adaptación de un ejercicio que encontramos en el libro *El clown, un navegante de las emociones*, de Jesús Jara.
> Un participante. El profesor pone un objeto cotidiano a un lado del escenario y lo rodea, a una distancia de un palmo, con un triángulo de cinta adhesiva blanca. Acto seguido, explica que no se puede, bajo ninguna circunstancia, rebasar la línea para coger el objeto que está dentro del triángulo. El objetivo del ejercicio es, precisamente, apropiarse del objeto.

El clown tiene que entrar, ver el objeto y desearlo. Su deseo debe de ser visible, y puede incluso ir creciendo con cada paso que le acerca al objeto en el suelo. Debe explicar su deseo, y no solo verbalmente. ¿Por qué desea tanto ese objeto?, ¿para qué lo utilizará?, ¿cómo le hará sentir el tenerlo y poder usarlo?, ¿cómo, incluso, va a cambiarle la vida?

Debe vivir el proceso de desear obtenerlo, frustrarse por no conseguirlo, volver a ilusionarse con todo lo que este objeto le aportará, regresar con más empeño a la meta de alcanzarlo, desesperarse, intentar reprimir las ganas de infringir las normas, sentir cómo el deseo va en aumento, hasta finalmente encontrar la manera de superar las barreras, cogerlo y disfrutar de él momentáneamente, antes de marcharse.

Tener una motivación clara ayuda enormemente al juego del clown. En este ejercicio la motivación gira en torno a lo que le gustaría ser (un ganador), en contraste con lo que es (un perdedor), lo cual da mucho de sí. El objeto que desea con tanto empeño es algo mundano —un zapato, una botella de agua, un adorno de pelo, etc.—, así que toda la importancia que tiene se la da el clown, con su imaginación; el zapato le hará bailar como Joaquín Cortés, el agua de la botella le dará poderes sobrehumanos, el adorno le convertirá en un hombre o mujer irresistible.

El problema de las barreras (el triángulo de cinta infranqueable) es un reto que requiere creatividad e ingenio, aunque su resolución puede ser algo tan sencillo como taparse los ojos (el clown cree que si él no ve la transgresión, la autoridad tampoco la verá). Lo que no puede hacer es coger el objeto sin más. La autoridad se lo ha prohibido, y eso tiene peso; además, es precisamente la dificultad lo que crea el juego y lo que también le otorga su momento triunfal.

El objeto del deseo

Obtener el objeto es el clímax, el premio que recompensa todo sus esfuerzos, pero no puede extenderse demasiado. El clown goza de tener su sueño entre las manos, pero si se queda a comprobar si es cierto (¿de verdad puede bailar como Cortés?, ¿de verdad tiene poderes sobrehumanos?) se llevará un chasco. Así que, cuando disminuyen los aplausos, que sin duda acompañarán su triunfo, debe ir saliendo. Es de sabios dejar el escenario entre risas y aplausos, con el público queriendo más y todo bien resuelto; deja un buen sabor a todos y, obviamente, esa es siempre la meta real.

A veces olvidamos esa meta real en cuanto se trata de nuestros deseos de tener éxito. Perdemos la objetividad, tal y como lo hace nuestro clown. Los sueños de tener o ser más son, en realidad, importantes fuentes de inspiración; nos motivan a avanzar. Sin ellos la vida sería bastante aburrida. Son estímulos para una mayor creatividad. Al realizar un sueño nos sentimos eufóricos, llenos de energía vital, pero esa felicidad rebosante, como bien sabe el clown, dura poco. Como seres humanos, tenemos un defecto de serie: nos habituamos tan rápidamente al estado de satisfacción que en seguida deja de parecernos tan bueno. Así que siempre necesitamos nuevos sueños, nuevas alegrías, para mantenernos felices.

Evidentemente, el éxito profesional es absolutamente relativo y dependerá enteramente de la visión que cada uno tenga al respecto. Para algunos, es material: el poder adquisitivo, el estatus, la estabilidad, el reconocimiento como buen profesional, etc. Para otros, es inmaterial: la libertad, la compasión, el buen hacer, el compartir, el despertar interior, etc.

Para los clowns, yo diría que tener éxito es necesariamente una mezcla de ambas condiciones. Vivir de ello es primordial, pues tenemos que comer, pagar impuestos, invertir en nuestro trabajo, igual que cualquiera. ¡Y cuánto más fácil es si logramos un empleo en un circo importante, un buen año de "bolos" (actuaciones), un premio para nuestro espectáculo o la aclamación de la crítica! Pero el origen de este éxito material es el éxito de los valores inmateriales, los valores de un espíritu libre, los del clown. No conozco ningún clown profesional puramente materialista. Si les preguntas qué significa para ellos tener éxito, te responderán, con palabras distintas, pero en esencia las mismas: "Vivir de la risa".

> "El éxito es cuando finalmente logro hacer una obra de arte que sea un perfecto fracaso ¡una caída creíble que pueda repetir!"
>
> *Pablo Luengas, médico de la risa, México*

El éxito asegurado

> "Para mí es un tema de tiempo, con el tiempo vamos ganado matices. Es bastante probable que alguien que lleva más años haga reír más que alguien que acaba de empezar, pero no siempre. Todo el mundo está en proceso."
>
> *Virginia Imaz, clown, España*

Si has hojeado el contenido y has venido directamente aquí buscando un frasco de píldoras con un prospecto que diga: "Sirve para garantizar el éxito. Tomar una hora antes de salir con nariz roja. Sin efectos secundarios"… Lo siento, pero no tengo píldoras, ni siquiera en forma de placebo. No puedo darte ninguna fórmula mágica para el éxito, pero sí sé que hay ciertos ingredientes que no deben faltar, ciertas cualidades humanas sin las cuales es muy difícil alcanzar el sueño de todo clown: que el público (sea quien sea) le quiera.

El objeto del deseo

Cualidades como la honestidad, la presencia, la imaginación, la sensibilidad, la transparencia y la curiosidad las he explicado a lo largo de este libro, y si has leído hasta aquí, entenderás que explorarlas es explorar el universo clown. A la hora de plasmar este universo, concretarlo y materializarlo es cuando necesitarás otras cualidades, como la confianza, la disciplina y la humildad. Alcanzar el éxito en este mundo dependerá principalmente de tu grado de motivación y perseverancia, las buenas ideas cómicas que tengas, la calidad y la constancia en su ejecución, y una verdadera pasión por el arte del payaso.

Si quieres dedicarte al arte del clown tendrás que desearlo de corazón, ir investigando y perfeccionarlo según los dictados de tu propia visión. Poco a poco, tendrás que ir afinando la estética, la filosofía, el lenguaje y el universo de tu clown, con el fin de poder responder a las preguntas: ¿qué inquietudes tengo?, ¿qué quiero expresar?, ¿cuál es mi poética?, ¿dónde quiero actuar?, ¿a qué público quiero dirigirme? Definir tus motivaciones te ayudará cuando encuentres dificultades ¡y da por sentado que las encontrarás!

> "Me cautiva la posibilidad de expresarme tal cual me encuentro, mostrar lo que siento y lo que me divierte, ¡especialmente lo que me divierte! Mi meta es hacer sentir algo al público, que se reencuentre como un ser juguetón, alegre, con ganas de vivir y comerse el mundo a bocados".
> *Ana Ceci, cofundadora de Risaterapia.org, México*

Mis principales motivos para ser clown han sido la libertad que me ofrecía y una inquietud personal por investigar las claves de la alegría humana. Desde el principio sabía que era imprescindible aprovechar todas las ofertas de trabajo que tuviera, fueran grandes o pequeñas. Cuando las grandes me quedaban grandes (cuando fracasé en el intento), sí que me pregunté si no debería dedicarme a otra cosa, pero instantáneamente surgió otra interrogación, ¿qué otra cosa? ¿Qué otra profesión me podía proporcionar tanta ilusión y satisfacción? La respuesta, como puedes imaginar, siempre ha sido… *ninguna*.

¿Improvisar o fijar?

Conocí a Antonio cuando vino a participar en un curso de creación de números de clown. Hacía varios años que trabajaba como clown en hoteles. Actuaba seis meses al año, seis noches a la semana, frente a un público de diferentes nacionalidades, así que tenía muchísima experiencia escénica y también mucho talento cómico.

En su primera improvisación, su experiencia saltó a la vista. Nada más entrar, nos alucinó por la explosión de energía y locura que desplegaba. Reímos con placer y con asombro, porque lo que estábamos viendo rozaba la frontera del genio. Él, en cambio, no daba importancia a nada de lo que hacía, "tiraba" gestos perfectos uno tras otro sin pausas, cambiaba de emoción sin costuras visibles, manteniendo siempre una cualidad de ligereza y juego. Tenía un tempo más bien acelerado, disparaba gags como si fuera una ametralladora cómica. Imagina las siguientes situaciones una tras otra y a gran velocidad: una entrada en plan estrella ante una supuesta multitud, un pedido para la calma, una ráfaga de risa explorando ritmos diferentes, una disculpa corta, un gag (saca un papel de su bolsillo, lo arruga entre sus manos y le da una patada diciendo "papiroflexia"), un toque de ironía ("ja, ja"), un giro sobre sí mismo de 360º, etc. Era un baile clownesco sin música. Y él parecía estar completamente en control de la situación.

En realidad, no lo estaba. Estar frente un público nuevo le sintonizaba con su frecuencia clown, pero no controlaba su flujo de ideas. Se alimentaba del momento y crecía con cada risa lograda. Solo él sabía que su confianza podría desaparecer en cualquier momento, y se preguntaba constantemente, "¿Qué vas a hacer cuando se te acabe la inspiración?". En otras palabras, sentía que no tenía una red de seguridad, un número concreto que funcionara incluso cuando no tuviera un boyante estado de ánimo y un público predispuesto a reír.

Entendía perfectamente cómo se sentía Antonio. Durante años yo actué en la calle con medio espectáculo. Tenía una serie de números sin lógica ni continuidad que funcionaban individualmente, pero no en su conjunto. Para entrar en calor empezaba con algunos gags que, por experiencia, siempre daban buen resultado. Luego me presentaba y exhibía mi única habilidad con los malabares. Posteriormente, fui estirando los momentos, abriendo espacios para jugar e improvisar. Por el público que conseguía retener, y el dinero que caía en mi sombrero al final de cada actuación, parecía que tenía un espectáculo convincente, pero en mi corazón sabía que no era así. Estaba consciente de que no era nada especial, que si funcionaba, o no, dependía completamente de mi grado de inspiración.

Mi inspiración no me fallaba cuando no había ninguna presión por cumplir, cuando trabajaba por mi cuenta en la calle, pero poco a poco empecé a recibir ofertas de trabajo para eventos "importantes", trabajos bien pagados, con una responsabilidad ante la gente que me contrataba. De repente, me encontré preocupada ante la posibilidad de fracasar, de quedarme sin inspiración, "desnuda", con solo medio espectáculo para salvar la situación. Me pagaban para hacer un trabajo en el cual podía jugar, pero que también tenía que ser digno. No podía estar por debajo de un cierto nivel. Esta exigencia hacía crecer mi deseo de saber con más claridad qué venía a hacer, qué iba a ocurrir y en qué orden. Soñaba con tener una serie de acciones predeterminadas que funcionaran bajo cualquier circunstancia. Así que decidí crear una base sólida con buen material, una exposición de mi talento que también me dejara jugar a mi juego favorito, el de improvisar.

Las buenas ideas

He visto tantos espectáculos de clown que no funcionaban por carecer de buen material. No quiero aburrirme viendo a un clown profesional, quiero que valore el tiempo y la atención que le doy. Tiene una hora como mucho, lo que no es gran cosa, así que cada minuto cuenta. Me gusta cuando salgo de ver un espectáculo llena de inspiradas ocurrencias.

La inspiración cómica puede ocurrir en cualquier momento. Pero una buena idea tiene que resistir la prueba de la realización; primero, que sea posible; segundo, que se entienda, y tercero, que sea divertida. Por cada buena idea que pase la prueba, habrá que descartar otra (más bien varias) que no la pasa.

> "Una idea la tienes que trabajar. Haces el esbozo de ella, juegas con lo que tienes, ves que va por buen camino, y a partir de ahí se convierte en algo."
>
> *Toti Toronell, clown, España*

Las buenas ideas surgen de:
- Conocer muy a fondo tu clown y la técnica clown.
- Haber visto buenos clowns en acción.
- Tu habilidad de imaginar situaciones cómicas.
- Saber qué haces realmente bien y con gracia.
- Las cosas que siempre has querido hacer, pero no has podido, el niño que eras, una imagen que te encanta, una música, un olor, una improvisación.
- La vida misma.

> "Me inspiro en mi propio universo. Mis espectáculos son el resultado de la pregunta: ¿cómo puedo compartir mi mirada?"
>
> *Leandre, clown, España*

La pasión

> "Aparte del placer indescriptible de jugar, de enloquecer, de convertirte en personajes o cosas, lo mejor de actuar es tener un público que nunca te ha visto antes y que a lo mejor nunca te olvidará."
>
> *Andrés Aguilar, clown, México*

Hoy en día, el público europeo quiere fantasía, acción, genialidad, poesía, belleza, sencillez y, si puede ser, estimulación mental. Y todo eso expresado de manera orgánica, sin que sobre nada. Quieren ver una expresión de amor al arte. ¡Nada más y nada menos!

En definitiva, saber lo que te apasiona del arte del payaso te orientará hacia el éxito. Todos los grandes payasos han ido perfeccionando la expresión clownesca de aquello que más les motivaba o lo que más les interesaba; sea el absurdo, lo tradicional, lo poético, la fantasía, lo estúpido, los estados anímicos, la musicalidad, los gags, etc. Y, a la vez, han creado su propio estilo, su propia imagen y su propio material. Han sido, y están siendo, verdaderos maestros de su qué y su cómo.

> "Yo podría estar horas ante el público. Es lo que más me gusta, el encuentro con él, contactando, conectando de verdad, estando realmente en un presente que no se repetirá nunca."
>
> *Lila Monti, payasa, Argentina*

Cuando empiezas, puede que te apropies de algún gag de otro clown, te inspires en lo que hace o le imites, pero tarde o temprano tendrás que encontrar tu propio material, lo que te funciona a ti, porque es tuyo. Aunque autores como Tristan Rémy y Pierre Robert Lévy, entre otros, han recogido y publicado muchas entradas del repertorio de los payasos tradicionales, no hay obras escritas para clowns. La obra que hará tu clown la tienes que escribir tú, y siempre estará en proceso de mejoría. La puesta en práctica del "menos es más" (limpieza y economía de movimientos, gestos y palabras), sentirse confortable en escena, la expresión lúdica de los estados emocionales, el tempo de cada gesto, la hábil manipulación del atrezo, la coletilla que siempre consigue una risa, la buena técnica en tus habilidades, etc., te tomarán un largo tiempo de perfeccionamiento, pero es un proceso gratificante.

> "Es normal en cualquier disciplina aprender algo de uno que sabe, y después con el tiempo hacerlo verdaderamente tuyo. Llegar a incorporar el lenguaje del clown sin copiar, siendo tú, es lo que lleva tiempo."
> Luis "Loco" Brusca, clown, Argentina/España

Enseñanza eficaz

Como profesores, Alex y yo creemos que es nuestra responsabilidad ofrecer información, guiar, ofrecer retos e incluso poner a prueba a nuestros alumnos. Pero no les empujamos sin su permiso ni les imponemos nuestras propias exigencias. Proponemos ejercicios a un nivel adecuado, al intuir o reconocer lo que son capaces de hacer realmente. Si acertamos, se relajan y se sueltan, y así pueden dar más de sí mismos. Pensamos que es esencial que cada estudiante experimente el éxito, por muy breve que sea, y que avance incluso medio paso en el conocimiento de su clown propio. Con ese fin, somos honestos en nuestras críticas, porque confiamos en que vienen a nuestro curso a aprender algo real; pero intentamos que sean críticas constructivas. Reconocemos las cosas que resultaron exitosas en sus improvisaciones, incluso las que estaban hechas desde la inconsciencia. Les preguntamos: "¿Sabes por qué nos hemos reído tanto contigo?", y los principiantes muy a menudo no tienen la menor idea de que es lo que nos hizo reír de su actuación, así que les explicamos sus dones o les ofrecemos una breve imitación de lo que ha funcionado. Los estudiantes más avanzados tienen más noción de su clown, pero necesitan oír en qué momento lo perdieron. Les concienciamos de los momentos en que desaprovecharon buenas oportunidades de juego o en los que se olvidaron de escuchar a su compañero, o de compartir con su público, etc.

La pregunta que siempre tenemos en mente es "¿Cómo puedes mejorar lo que has hecho?". Con el entrenamiento en la simplicidad que tenemos como clowns, las retroalimentaciones que damos después de las improvisaciones son directas y concretas. Es importante dar lo justo para la asimilación fácil o la superación rápida del problema, ya sea técnico o personal. Puede que haya muchas cosas por corregir, pero exponerlas todas a la vez podría hundirles. Con decirle a un alumno principiante "tienes que respirar", "no debes moverte tanto" o "comparte lo que sientes" ya tiene mucho para trabajar en la siguiente improvisación, y puede que incluso necesite que se lo vayas repitiendo hasta que lo logre. ¡Sé por experiencia propia que es mucho más fácil entender la pauta ofrecida que ponerla en práctica!

De todas maneras, sabemos que el éxito de nuestros alumnos en sus improvisaciones solo depende en parte de nosotros, la otra parte les corresponde a ellos, y una parte a sus compañeros. Nosotros damos la pauta del buen humor, potenciamos el apoyo mutuo, el aprendizaje en grupo, y creamos así un ambiente de confianza donde aprender es más fácil y existe menos carga individual. Abrimos espacios para compartir dos veces al día y les animamos a que lo hagan, en particular a los que se sienten bloqueados. Lo que comparten nos da valiosa información para encaminarles hacia el éxito, y además, es un barómetro del nivel energético del grupo. Mantener un ojo sobre ese nivel nos ayuda a saber qué necesitan y hacia dónde les tenemos que llevar en la siguiente sesión.

El éxito de algún compañero en clase es un éxito para todos, porque ver el ejemplo en vivo es mucho más efectivo que escucharlo con palabras. Nosotros no salimos a escena a dar ejemplos para que nos imiten, va en contra de lo que estamos enseñando; salimos en todo caso a imitarlos (para que "puedan verse") o hacerles ver posibles caminos que desecharon o que no llegaron a ver durante su actuación. No queremos ver versiones de nuestros clowns en acción, queremos ver sus clowns en acción. Además, lo que funciona para nosotros no funcionará necesariamente para cualquier otro. Un buen ejemplo de esto ocurrió hace unos años: unos clowns mexicanos nos confesaron que intentaron reproducir un número de nuestra creación. "¿Y cómo os ha ido?", les preguntamos ya intuyendo la respuesta. "¡Fatal! No funcionó nada", respondieron, "Fue un desastre total". Como en realidad eran muy buenos clowns, aprovecharon la oportunidad de explayarse a fondo sobre su fracaso, y, ante las imágenes cada vez más desastrosas que nos contaban, Alex y yo estallamos en risas.

Alumnos exitosos

Los estudiantes propensos a tener éxito suelen ser personas muy receptivas. Les veo disfrutando sinceramente de poder observar y compartir, y en consecuencia no les cuesta mantener una energía entusiasta durante todo el día. La mayoría no tienen miedo de soltar lo seguro y desmontar sus mecanismos de defensa; se permiten ser espontáneos. Muchas veces tienen un sentido del humor ya bien desarrollado y/o una risa abierta y contagiosa. Y cada uno tiene su don: una imaginación explosiva, una expresividad limpia, unas ideas muy estúpidas, una ternura envolvente, una luz brillante en sus ojos, etc.

Algunos incluso se han soltado internamente por completo, han salido "volando". Es la mejor manera que tengo para describir lo que ocurre en esos momentos. Es como si su clown se hubiera puesto alas de comicidad pura y cualquier cosa que hiciera, dijera o sintiera fuera para morirse de la risa. Desde el público, ves que la persona ha entrado en una especie de trance cómico, alimentado por el placer y las risas, y por haberse tirado de cabeza en la fuente de su propia creatividad. El humor que manifiestan es desbordante, un delirio, un sinfín de tonterías deliciosas.

En los años que llevo tomando y dando cursos he tenido el privilegio de ver varios clowns salir volando, y ha sido absolutamente increíble. Son recuerdos grabados en mi mente para siempre. Alguien les tuvo que quitar la nariz roja, porque nuestras costillas no aguantaban más risas. Me he quitado años de encima riendo de las locuras de mis estudiantes, pero con los que he visto volando me he sentido llena de alegría, como cuando tu equipo acaba de ganar un trofeo importante.

He alcanzado ese estado varias veces actuando, y es una sensación increíble; entras en una especie de bucle y ya no quieres salir nunca más. Tienes al público comiendo en la palma de tu mano, no puedes fallar, el tiempo se estira y contrae a la vez, eres tú misma, pero habilidosa, graciosa, iluminada. Se establece una especie de conexión casi mística, imparable, donde todas las personas que están allí conectan con algo profundo. Una catarsis común y descomunal.

Vivir la iluminación en versión cómica forma parte de las historias de éxito de nuestros alumnos que puedo contar, pero hay otras muchas igual de preciosas. Dejar salir al clown no deja a nadie indiferente. Puede crear cambios profundos en nuestra manera de enfocar ciertos aspectos de la vida. Ciertamente, el hecho de abrir los ojos, los sentidos y el corazón, y hacer reír con nada más que lo que somos remueve nuestro paisaje interno. Hace aflorar emociones y actitudes que nos han impedido evolucionar, pero también nos ofrece soluciones lúdicas y concretas. El clown despierta a la vez la alegría, el placer, el deseo de compartir y el amor en las personas: poderosos armamentos contra los ataques del ego. Muchos de nuestros alumnos nos han agradecido los cambios que han experimentado, pero no es a nosotros a quienes tienen que agradecer, es al clown: el irreductible optimista, el indomable altruista, el irrefrenable maestro cómico que todos llevamos dentro.

El payaso que hay en ti, de Caroline Dream, inaugura la Colección Clownplanet, que en los próximos años irá aumentando con la edición de nuevas obras relacionadas con el mundo del clown, las artes escénicas o la pedagogía. Más información sobre el universo clownesco en www.clownplanet.com. Si después de leer este libro te sientes atraído por descubrir a tu clown, visita nuestra web: cursosdeclown.com. Y si te apetece, puedes dejar un comentario sobre el libro en facebook.com/elpayasoquehayenti.

www.ingramcontent.com/pod-product-compliance
Lightning Source LLC
Chambersburg PA
CBHW050146170426
43197CB00011B/1978